지도자용

모두 깨치는 한글 (지도자용)

초판 1쇄 발행 2019년 12월 12일
2쇄 발행 2020년 06월 01일
3쇄 발행 2022년 06월 30일

지은이 양지숙, 김명규
펴낸이 장현수
펴낸곳 메이킹북스
출판등록 제 2019-000010호

디자인 안영인
편집 안영인
교정 김시온
마케팅 오현경

주소 서울특별시 금천구 가산디지털1로 142, 312호
전화 02-2135-5086
팩스 02-2135-5087
이메일 making_books@naver.com
홈페이지 www.makingbooks.co.kr

ISBN 979-11-968720-2-1(03370)
값 22,000원

ⓒ 양지숙, 김명규 2022 Printed in Korea

잘못된 책은 구입하신 곳에서 바꾸어 드립니다.
이 책의 전부 또는 일부 내용을 재사용하려면 사전에 저작권자와 펴낸곳의 동의를 받아야 합니다.

이 도서의 국립중앙도서관 출판예정도서목록(CIP)은 서지정보유통지원시스템
홈페이지(http://seoji.nl.go.kr)와 국가자료공동목록시스템(http://www.nl.go.kr/kolisnet)에서
이용하실 수 있습니다. (CIP제어번호 : CIP2019049499)

홈페이지 바로가기

난독증은 없다!

모두 깨치는 한글

지도자용

메이킹북스 양지숙·김명규 지음

서문

한글 지도에 있어서 지금까지 이런 방법은 없었다.

한글을 스스로 깨치지 못한 아이들에게 가장 쉽게 한글을 지도할 수 있는 방법이 이 책에 있다.

> **학생:** 친구들이 행복놀이 시간에 기분 나쁜 말을 해요.
> **교사:** 어떤 말을 했는데?
> **학생:** 아니, 아니 음, 없어.
> **교사:** 그게 왜 기분 나쁜 말인데? 그런 말은 보통 하는 말인데.
> **학생:** 쓸데없으면 쓸데없다고 해야 하는데 귀찮으니까 생각도 안 해 보고 말해요.

이 아이가 한글을 못 읽는다고 생각해 보라. 이 책은 이런 아이들도 한글을 쉽고 재미있게 가르칠 수 있는 방법을 안내한다. '너 밥 먹었니?'라는 말에 '먹었다, 안 먹었다'는 정도만 말할 수 있다면 누구든지 한글을 읽도록 지도할 수 있다. 외국인에게 한글을 가르치고자 하는 사람에게도 이 책을 권한다. 한국말을 못하는 외국인도 두 시간 정도 익힌 후 한글을 줄줄 읽는 것을 보았고 난독증, 읽기부진, 읽기 장애, 쓰기 장애 등 한글 습득에 어려움을 보이는 어떤 경우라도 모두 한글을 읽을 수 있도록 지도했다.

한글은 소리글자이다. 한글을 해득한다는 것은 소리와 기호를 연결할 줄 안다는 것이다. 수많은 소리 중에서 말소리를 구별하고, 기호와 연결 지어 말소리를 떠올릴 수 있어야 한글을 읽을 수 있다. '오리'는 읽는데 '오리면'을 못 읽는 것은 한글을 읽지 못한다고 판단해야 한다. 현재의 한글 지도 방법은 이런 부분을 놓치고 있어서 한글 미해득 학생이 생기는 것이다.

어떤 일에 실패할 때 우리는 그 이유를 찾는다. 그러나 그 이유에서 해결 방법을 찾을 수 없다면 그건 있으나 마나 한 것이다. 한글 교육에 실패했을 때 역시 우리는 이유를 찾는다. 학습에 흥미가 없어서, 집중력이 떨어져서, 가정환경이 좋지 않아서, 다문화여서, 난독증이 있어서. 그러나 이러한 이유에서 한글 해득의 해결 방법을 찾을 수 있는가? 떨어진 집중력을 올려 주면 한글을 읽는가? 그렇지 않다. 그것은 한글 교육에 하나도 도움이 되지 않는 '여우의 신 포도'와 같은 이유인 것이다.

이 책에서는 한글 미해득의 이유를 제대로 찾아서 해결 방법을 분명하게 제시한다. 자음을 구별하지 못하면 자음이 헷갈리지 않도록 자료를 구성하고, 어떤 글자는 읽고 어떤 글자는 못 읽는다면 그것을 해결할 수 있도록 분명하게 방법을 제시한다. 소리나는 대로 글자를 쓰거나 받침이 있는 글자를 어려워하는 경우 등 한글 읽기에 어려움을 보이는 어떠한 경우라도 모두 한글을 깨치도록 지도할 수 있는 방법을 안내한다.

이 책은 모두 4개의 과정으로 되어 있다. 1과정은 모음 익히기, 2과정은 자음 익히기, 3과정은 소리찾기, 4과정은 소리찾기와 받침 지도로 되어 있다. 각 과정의 목표와 지도 방법, 자료 사용법을 숙지하고 지도에 임해 주길 바란다. 어린이에게 책을 보여 주기 전에 지도하는 사람이 어린이용과 지도자용을 살펴본 후 시작할 것을 권한다. 또 원격연수사이트인 티처빌 www.teacherville.co.kr에 〈기초학력 높이는 **모두 깨치는 한글**〉의 동영상 강의가 마련되어 있다. 저자가 직접 지도 방법을 자세히 설명하고 실제 학생 지도 모습도 실었으니 참고하시길 바란다.

연락처 : moduqwe5587@naver.com

차례

1과정 모음 익히기

목표: '타'를 듣고 '타터토투트티태'를 말할 수 있다.

차시	주제	쪽수	
		어린이용	지도자용
1	소리 듣기	8, 9	12
2	소리 듣고 따라 하기 1	10, 11	14
3	소리 듣고 따라 하기 2	12, 13	16
4	첫소리 듣고 말하기	14, 15	18

2과정 자음 익히기

목표: 'ㅌ'를 보고 '타터토투트티태'를 말할 수 있다.

차시	주제	쪽수	
		어린이용	지도자용
1	그림 이름 말하기	18, 19	22
2	기본자음 익히기	20, 21	26
3	소리 듣고 찾기	22, 23	28
4	거센소리 익히기	24, 25	32
5	된소리 익히기	26, 27	36
6	자음 이름 말하기	28, 29	40

3과정 소리찾기

목표: 5분 이내에 주어진 글을 소리찾기 할 수 있다.

차시	주제	쪽수	
		어린이용	지도자용
	소리찾기 도움말		42
1	토끼 제비	32, 33	44
2	자전거	34, 35	48
3	가위	36, 37	50
4	우리 교실 내 친구	38, 39	52
5	귀뚜라미와 까치	40, 41	54
6	그냥저냥	42, 43	56

4-1과정 소리찾기와 받침 익히기 1

목표: 5분 이내에 주어진 글을 읽을 수 있다.

차시	주제	쪽수	
		어린이용	지도자용
	받침 지도 도움말		60
1	아가	46, 47	62
2	우리 학교	48, 49	64
3	우리나라	50, 51	68
4	나	52, 53	70
5	속담 1	54, 55	74
6	아기	56, 57	76

4-2과정 소리찾기와 받침 익히기 2

목표: 5분 이내에 주어진 글을 읽을 수 있다.

차시	주제	쪽수	
		어린이용	지도자용
1	속담 2	60, 61	80
2	바구니	62, 63	82
3	시장에 갔더니	64, 65	84
4	우리 지구	66, 67	86
5	마차	68, 69	88

4-3과정 한 글자씩 읽기와 빨리 읽기

목표: 5분 이내에 주어진 글을 읽을 수 있다.

차시	주제	쪽수	
		어린이용	지도자용
1	나 어릴 적	72, 73	92
2	우주와 별	74, 75	94
3	라이터	76, 77	96
4	식물 이름	78, 79	98
5	의좋은 형제	80, 81	100
6	꿈꾸는 새싹	82, 83	102

악보

순서	주제	지도자용 쪽수
1	가위	107
2	나	108
3	다리미	109
4	라이터	110
5	마차	112
6	바구니	113
7	사람	114
8	아기	115
9	아기 뮤직박스	116
10	자전거	117
11	자음 노래	118
12	나 어릴 적	119

부록

순서	주제	지도자용 쪽수
1	자음 카드 세트	121
2	모음 카드	131
3	구강 그림	141

1과정
모음 익히기

목표

'타'를 듣고 '타터토투트티태'를 말할 수 있다.

차시	주제	쪽수	
		어린이용	지도자용
1	소리 듣기	8, 9	12
2	소리 듣고 따라 하기 1	10, 11	14
3	소리 듣고 따라 하기 2	12, 13	16
4	첫소리 듣고 말하기	14, 15	18

◆ 모음 익히기

준비물: 모음 카드 2개, 구강 그림

활동 1 소리 듣기

모음 카드를 입 가까이에 대고 입 모양에 맞추면서 [하, 허, 호, 후, 흐, 히, 해]를 소리 내어 준다. 'ㅏ'의 이름은 '아'이고 'ㅓ'의 이름은 '어'라는 등의 말은 하지 않는다.

1	2	3	4
ㅏ	ㅓ	ㅗ	ㅜ
혀를 앞으로 내밀며 입을 벌려 내는 소리	혀를 뒤로 넣으며 입을 벌려 내는 소리	입술을 오므리며 내는 소리	입술을 내밀어 내는 소리

5	6	7
ㅡ	ㅣ	ㅐ(ㅔ)
윗니가 모두 보이게 입술 양 끝을 올리며 내는 소리	치아가 모두 보이게 입술 양 끝을 내리며 내는 소리	입을 벌려 혀를 평평하게 하여 내는 소리

1. 소리 듣기

8

모음 카드  와 ⬜ 를 이용하여 7개의 모양을 만들어 가며 소리를 낸다.

지도자: 'ㅏ'는 혀를 약간 앞으로 내밀며 소리를 낸다. 하(모음 카드를 입 가까이 대고 빨간 부분이 밖으로 나오게 한 채로).

'ㅓ'는 혀를 뒤로 넣으며 소리를 낸다. 허(모음 카드를 입 가까이 대고 빨간 부분이 안으로 들어가게 한 채로).

1번과 2번 소리는 혀를 사용한다. 하, 허(모음 카드를 'ㅏ', 'ㅓ'로 바꾸어 가며 입 가까이 대고).

'ㅗ' 소리는 입술을 오므리며 소리를 낸다. 호(모음 카드를 'ㅗ'로 만들어 입술 밑에 대고).

'ㅜ' 소리는 입술을 쭉 뻗으며 소리를 낸다. 후(모음 카드를 'ㅜ'로 만들어 입술 밑에 대고).

3번과 4번 소리는 입술을 사용한다. 호, 후(모음 카드를 'ㅗ', 'ㅜ'로 바꾸어 가며 입 가까이 대고).

'ㅡ' 소리는 치아를 보이면서 입술 양 끝을 위로 올린다. 흐.

'ㅣ' 소리는 치아를 보이면서 입술 양 끝을 살짝 내린다. 히.

5번과 6번 소리는 치아를 사용한다(모음 카드를 'ㅡ', 'ㅣ'로 바꾸어 가며 입 가까이 대고).

'ㅐ' 소리는 혀, 입술 치아를 편하게 놓으며 소리를 낸다. 해(모음 카드를 'ㅏ', 'ㅣ'를 붙여서 입 가까이 대고).

* **주의:** 'ㅏ, ㅓ, ㅗ, ㅜ, ㅡ, ㅣ, ㅐ'의 이름을 가르치는 게 아니다. 기호의 모양대로 소리를 낸다는 것을 가르쳐야 한다. 절대 'ㅏ'는 '아'이고 'ㅓ'는 '어'라는 등의 모음 이름을 가르치지 않는다. 다, 더 등의 글자를 쓰면서 하는 게 아니다. **오로지 소리로만** 들려준다.

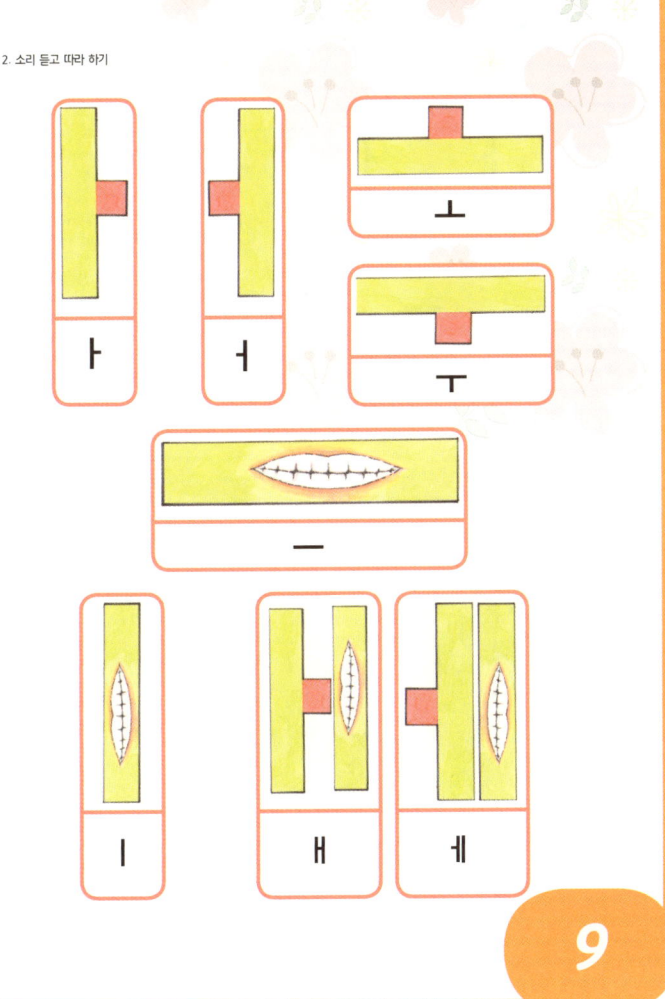

활동 2 소리 듣고 따라 하기

칠판에 1, 2, 3, 4, 5, 6, 7을 쓴 다음 모음 카드를 대며 소리를 들려준다.

지도자: 다(숫자 1 아래에 'ㅏ'를 댄다).
어린이: 다(혀를 앞으로 내며).
지도자: 더(숫자 2 아래에 'ㅓ'를 댄다).
어린이: 더(혀를 뒤로 넣으며).
지도자: 도(숫자 3 아래에 'ㅗ'를 댄다).
어린이: 도(입술을 오므리며).
지도자: 두(숫자 4 아래에 'ㅜ'를 댄다).
어린이: 두(입술을 뻗으며).
지도자: 드(숫자 5 아래에 'ㅡ'를 댄다).
어린이: 드(치아를 보이며 입 끝을 올린다).
지도자: 디(숫자 6 아래에 'ㅣ'를 댄다).
어린이: 디(치아를 보이며 입 끝을 내린다).
지도자: 대(숫자 7 아래에 'ㅏ'와 'ㅣ'를 함께 댄다).
어린이: 대(편하게 입을 벌리며).

7번째 [ㅐ, ㅔ] 소리는 같은 소리로 내게 하는데 글자에서 모양만 구별하도록 한다. 예를 들어 [모래, 모레]에서 [래, 레]는 글자의 모양을 보고 구별하도록 한다. [ㅐ]와 [ㅔ] 소리를 구별하여 낸다는 사람도 있는데 필자는 그 소리를 아무리 들어 보아도 같은 소리로 들렸다.

[ㅐ, ㅔ] 소리는 단모음이어서 혀의 움직임 없이 소리 내도록 해야 하고, 또 [ㅑ, ㅕ, ㅛ, ㅠ]보다 사용 빈도가 높다. [ㅏ, ㅑ, ㅓ, ㅕ, ㅗ, ㅛ, ㅜ, ㅠ, ㅡ, ㅣ]보다 [ㅏ, ㅓ, ㅗ, ㅜ, ㅡ, ㅣ, ㅐ(ㅔ)] 7개의 소리를 순서대로 익히는 것이 더 편리하다.

– 소리의 순서

1	2	3	4	5	6	7
ㅏ	ㅓ	ㅗ	ㅜ	ㅡ	ㅣ	ㅐ(ㅔ)
아래의 소리를 순서대로 소리로만 들려준다. **글자를 제시하지 않음**						
사	서	소	수	스	시	새
카	커	코	쿠	크	키	캐
마	머	모	무	므	미	매
라	러	로	루	르	리	래

[다 더 도 두 드 디 대]에서 [다 더 도 두 느 니 내]로 닿소리의 시작점을 놓치는 어린이가 있으므로 지도자는 어린이의 소리를 주의해서 듣고 지도해야 한다.

◆ 모음 익히기

준비물: 모음 카드 2개, 기본자음 카드 3개, 구강 그림

활동 1 소리 듣고 따라 하기 1

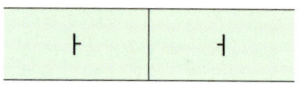

나녀, 마머, 사서, 가거, 하허, 차처, 라러, 바버, 아어, 다더, 까꺼, 따떠, 싸써.

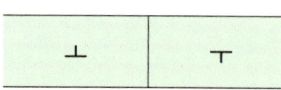

모무, 뽀뿌, 꼬꾸, 소수, 초추, 보부, 오우, 쏘쑤, 도두, 호후, 로루, 토투, 조주, 노누, 초추, 토투, 또뚜.

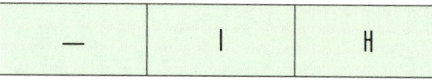

흐히해, 스시세, 브비배, 드디대, 그기개, 쯔찌쩨, 르리래, 뜨띠떼, 으이애, 즈지제, 트티태, 느니네, 흐히해.

◆ 닿소리의 시작점

드디대, 르리래, 므미매, 브비배 등의 소리는 닿소리의 시작점을 놓치는 경우가 많다. '다더도두**드디대**'의 소리를 '다더도두**느니내**'로 내지 않도록 어린이의 소리를 주의 깊게 들어 보아야 한다. '바버보부브비배' 소리도 '바버보부므미매'로 내는 경우가 있고 '마머모무므미매' 소리도 '마머모무웅이애'로 내는 경우가 있어 닿소리의 시작점을 끝까지 놓치지 않고 소리 내는지 주의 깊게 들어 보아야 한다. 이 부분에서 소홀하면 나중에 소리와 기호를 연결시키는 작업이 어려워지고 글자를 읽거나 받아쓰기를 잘하지 못하므로, 개별적으로 어린이의 소리를 듣고 확인하며 지도해야 한다. 어린이가 배에 힘을 주고 큰 소리를 내게 하는 것도 닿소리의 시작점을 확인하기 좋다.

◆ 지도자와 어린이의 약속

하나의 소리를 듣고 따라서 할 때에는 어린이들이 쉽게 따라 하지만 여러 개의 소리는 듣고 있다가 선생님이 첫소리를 낼 때 동시에 첫소리를 말하기도 하고, 또 어디까지 듣고 따라 해야 하는지 궁금해하기도 한다. 이럴 때는 서로 간의 약속이 필요하다. '손기호'를 사용해 선생님이 소리 내는 시간과 어린이들이 소리 내는 시간을 정하면 좋은데 어린이용의 그림처럼 손바닥을 지도자 쪽으로 할 때는 지도자의 차례이고, 손바닥을 어린이에게 향하면 어린이가 들었던 소리를 말하도록 약속한다.

활동 2 그림 이름 말하기

여기에 제시된 그림은 일반적인 그림이 아니라 자음의 모양과 모음의 첫소리를 연결시키기 위해 고안된 것이다. 첫소리에 'ㅏ'가 들어가고 그림에서 자음을 형상화할 수 있는 낱말이다. 여기에 제시되어 있는 도움말은 각 자음의 모양과 소리를 연결시키기 위해 필요한 것이므로 다른 도움말은 가급적 하지 않는 게 좋다.

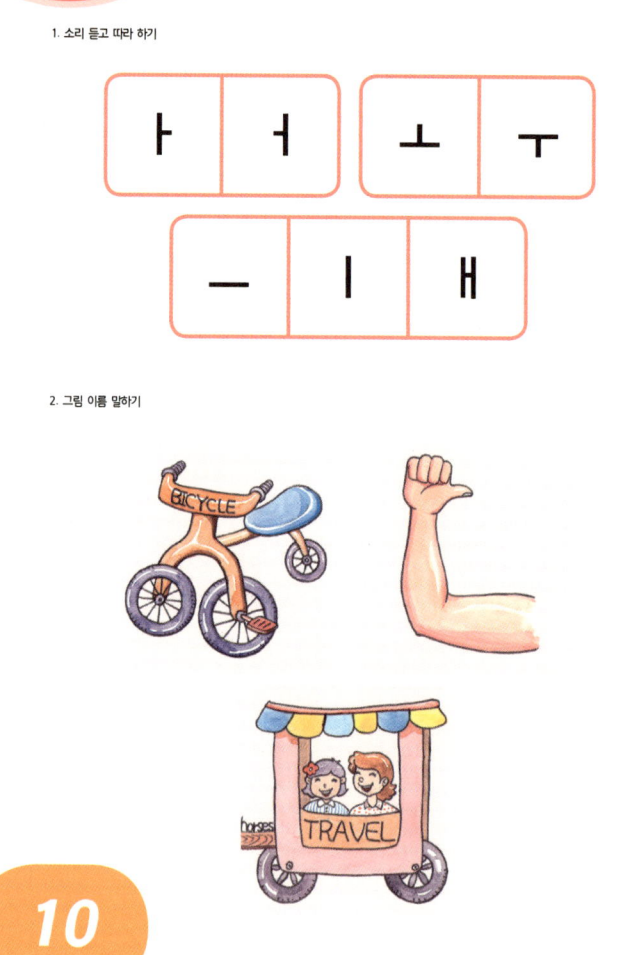

1. 소리 듣고 따라 하기

2. 그림 이름 말하기

10

1과정 모음 익히기

3. 소리 듣고 따라 하기

〈소리 듣고 따라 하기 1〉 어린이용 10, 11쪽

| ㅏ | ㅓ | ㅗ | ㅜ | ㅡ | ㅣ | ㅐ |

예를 들어 "라이터를 지도하면서 라이터 가지고 불장난하면 안 돼요"라든지 자전거를 지도하면서 "자전거 탈 때 앞을 잘 보고 타야 한다"든지 등의 말은 여기에서는 하지 않는다. 특히 나, 자전거, 라이터, 아기, 마차, 다리미, 바구니, 사람, 가위에서 첫소리 〈나, 자, 라, 아, 마, 다, 바, 사, 가〉는 아주 중요하므로 정확히 크게 발음하도록 지도한다.

– **자전거 그림** 이 그림은 'ㅈ' 모양을 '자전거' 소리라고 떠올리기 위해 고안한 것으로 '자저조주즈지재'의 첫소리 '자'를 지도할 때 필요하다.

〈도움말〉 따르릉. 여러분도 자전거를 타 보았지요? 손으로는 자전거 어디를 잡아야 하나요? (그림에서 손잡이 부분을 가리키게 한다) 발은 어디에 올려놓아야 할까요? (그림에서 페달 부분을 가리키게 한다) 이 그림은 '자전거'입니다. 따라서 소리 내어 보세요. '자전거.'

– **나 그림** 이 그림은 'ㄴ' 모양을 '나' 소리라고 떠올리기 위해 고안한 것으로 '나너노누느니내'의 첫소리 '나'를 지도할 때 필요하다.

〈도움말〉 1. 주먹을 쥔 채 2. 팔을 옆으로 펴서 3. 구부리고 4. 엄지손가락만 펴 보세요. 이거 누구인가요? 바로 '나'입니다. 팔을 들어 구부리고 'ㄴ'의 모양을 만들면서 '나' 소리를 내게 합니다. 이 그림은 '나'입니다. 따라서 소리 내어 보세요. '나.'

– **마차 그림** 이 그림은 'ㅁ' 모양을 '마차' 소리라고 떠올리기 위해 고안한 것으로 '마머모무므미매'의 첫소리 '마'를 지도할 때 필요하다.

〈도움말〉 마차를 타고 여행하면 참 즐겁습니다. 산들산들 바람도 상쾌하고 차분하게 구경할 수 있거든요. 마차는 튼튼해야 합니다. 지붕이 있어야(지붕 부분을 손가락으로 그리면서) 비도 막아 주고 강한 햇빛도 막아 주지요. 기둥은(기둥 두 부분을 손가락으로 그리면서) 지붕을 잘 받치도록 튼튼해야 합니다. 바닥도 잘 막아야 합니다. (바닥 부분을 손가락으로 그리면서) 바닥의 못이 단단하게 박히지 않으면 사람도 다치고 바퀴도 빠지게 되고 사고가 날 수 있어요. 마차는 지붕과 기둥 바닥이 단단히 붙어(강조하며) 있어야 해요. 이 그림은 '마차'입니다. 따라서 소리 내어 보세요. '마차.'

활동 3 소리 듣고 따라 하기

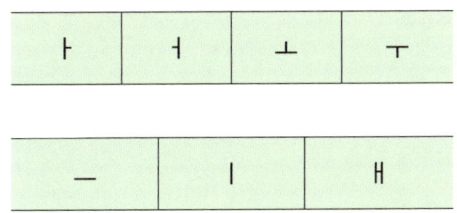

타터토투, 하허호후, 자저조주, 짜쩌쪼쭈, 차처초추, 나너노누, 가거고구, 사서소수, 라러로루, 까꺼꼬꾸, 싸써쏘쑤, 파퍼포푸, 마머모무, 아어오우, 바버보부.

흐히해, 스시세, 브비배, 드디데, 그기개, 쯔찌쩨, 르리래, 뜨띠떼, 으이애, 즈지제, 트티태, 느니네, 흐히해.

◆ 모음 익히기

준비물: 모음 카드 2개, 기본자음 카드 3개, 구강 그림

활동 1 소리 듣고 따라 하기 2

칠판에 모음 7개를 그린 후 '마머모무므미매'와 같이 7개의 소리를 모두 들려주고 따라 하게 한다. 천천히 말하고 어린이들이 혀, 입술, 치아를 떠올리며 듣게 한다.

지도자: 혀를 바깥으로 마, 혀를 넣으며 머, 입술을 오므리고 모, 입술을 쭉 뻗으며 무, 치아를 보이게 올리며 므, 치아를 보이게 내리며 미, 편하게 애.
어린이: 마, 머(혀를 생각하며), 모, 무(입술을 생각하며), 므, 미 (치아를 생각하며), 매.

지도자: 모음을 [가 카 까 나 다 타 따 라 마 바 파 빠 사 아 자 차 짜 하]로 시작하는 소리들을 들려준다.
어린이: 모음 카드를 순서대로 놓으며 따라서 소리 낸다.

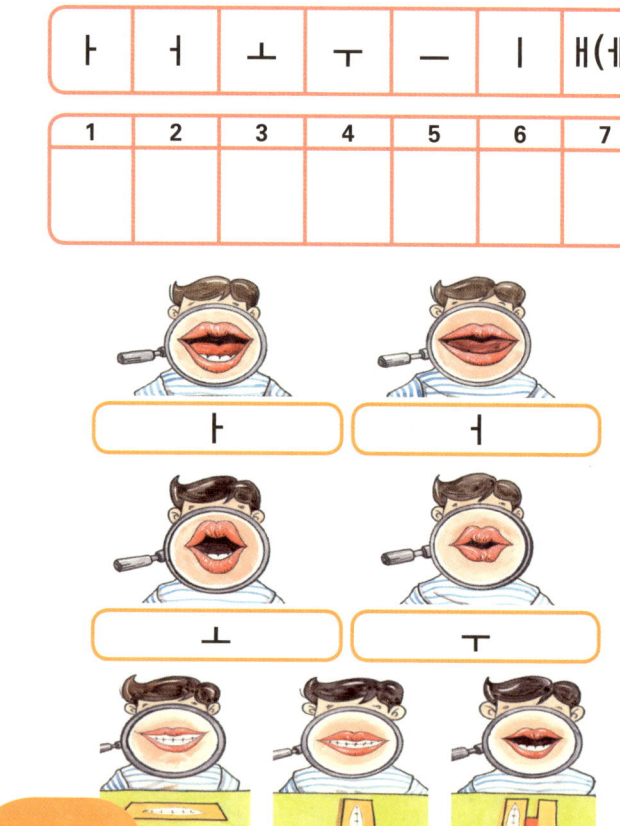

1. 소리 듣고 따라 하기

ㅏ	ㅓ	ㅗ	ㅜ	ㅡ	ㅣ	ㅐ(ㅔ)
1	2	3	4	5	6	7

12

(글자를 제시하지 않고 오로지 소리로만)

지도자	어린이	지도자	어린이
아어오우으이애	아어오우으이애	다더도두드디데	다더도두드디데
마머모무므미매	마머모무므미매	타터토투트티태	타터토투트티태
하허호후흐히해	하허호후흐히해	따떠또뚜뜨띠때	따떠또뚜뜨띠때
사서소수스시새	사서소수스시새	나너노누느니내	나너노누느니내
자저조주즈지재	자저조주즈지재	라러로루르리레	라러로루르리레
차처초추츠치채	차처초추츠치채	마머모무므미매	마머모무므미매
가거고구그기개	가거고구그기개	짜쩌쪼쭈쯔찌쩨	짜쩌쪼쭈쯔찌쩨
카커코쿠크키캐	카커코쿠크키캐	파퍼포푸프피패	파퍼포푸프피패
까꺼꼬꾸끄끼깨	까꺼꼬꾸끄끼깨	빠뻐뽀뿌쁘삐빼	빠뻐뽀뿌쁘삐빼

활동 2 그림 이름 말하기

– **다리미 그림** 이 그림은 'ㄷ' 모양을 '다리미' 소리라고 떠올리기 위해 고안한 것으로 '다더도두드디데'의 첫소리 '다'를 지도할 때 필요하다.

〈도움말〉 다리미를 본 적 있나요? 다리미는 구겨진 옷을 펼 때 사용하는데 여기 이 바닥 부분은 뜨거워요. (손가락으로 가리키며) 다리미를 잡을 때는 어디를 잡아야 하나요? (손잡이 부분을 강조하며) 다리미를 잡을 때는 꼭 이 손잡이를 잡아야 합니다. 이 그림은 '다리미'입니다. 따라서 소리 내어 보세요. '다리미.'

1과정 모음 익히기

2. 그림 이름 말하기

3. 소리 듣고 순서대로 연결하고 색칠하기

〈소리 듣고 따라 하기 2〉 어린이용 12, 13쪽

– **라이터 그림** 이 그림은 'ㄹ' 모양을 '라이터' 소리라고 떠 올리기 위해 고안한 것으로 '라러로루르리래'의 첫소리 '라'를 지도할 때 필요하다.

〈도움말〉 나그네의 주머니에는 네모난 물건들이 여러 개 들어 있습니다. 캄캄한 밤 주머니에 손을 넣어 라이터를 찾습니다. 나그네는 어떻게 꺼내 보지도 않고 주머니 안에서 라이터를 금방 찾을 수 있었을까요? (어린이들이 그림에서 표시된 위아래의 꺼끌꺼끌한 부분을 인식하지 못하면 한동안 그림을 살펴볼 수 있도록 시간을 주어야 한다. 그림의 위아래 빗금 부분을 가리키며) 네 그래요, 여기 꺼끌꺼끌한 부분을(강조하며) 손으로 만져 보고 라이터인 줄 알았어요. 나그네가 불을 켜려고 레버를 당깁니다. 치크치크 라이터 불이 켜지지 않습니다. 왜 켜지지 않을까요? (어린이들이 액체 가스로 표시된 가운데 선을 인식하지 못하면 그림에 어떤 선들이 있는지 살펴보도록 시간을 주어야 한다. 그림의 가운데 선 부분을 가리키며) 네, 바로 액체 가스가 없어서 불이 켜지지 않은 거예요. 여기 그림의 라이터처럼 액체 가스가 있어야 불이 켜지는 거예요. 이 그림은 '라이터'입니다. 따라서 소리 내어 보세요. '라이터.'

– **아기 그림** 이 그림은 'ㅇ' 모양을 '아기' 소리라고 떠올리기 위해 고안한 것으로 '아어오우으이애'의 첫소리 '아'를 지도할 때 필요하다.

〈도움말〉 아기 얼굴이 동그랗습니다. 귀여운 아기가 방글방글 웃고 있어요. 아직 머리카락도 덜 자랐지만 동그란 아기가 참 귀엽습니다. 이 그림의 이름은 '아기'입니다. '아가'라고 불러도 되어요. 그러나 '애기'는 안 됩니다. 이 그림의 이름은 '아기'입니다. 따라서 소리 내어 보세요. '아기.'

활동 3   소리 듣고 순서대로 연결하고 색칠하기

– **1번 그림**

지도자: 다 더 도 두 드 디 대.
어린이: 다 더 도 두 드 디 대(해당 모음이 있는 점을 차례대로 연결하며).

– **2번 그림**

지도자: 라 러 로 루 르 리 래.
어린이: 라 러 로 루 르 리 래(해당 모음이 있는 점을 차례대로 연결하며).

– **3번 그림**

지도자: 아 어 오 우 으 이 애.
어린이: 어 어 오 우 으 이 애(해당 모음이 있는 점을 차례대로 연결하며).

그림에 어울리게 색칠을 하고 '다더도두드디대', '라러로루르리래', '아어오우으이애'를 다시 소리 내게 한다.

◆ 모음 익히기

준비물: 모음 카드 2개, 기본자음 카드 3개, 구강 그림

활동 1 첫소리 듣고 말하기

지도자: 아(손바닥을 지도자 쪽으로).
어린이: 아어오우으이애(지도자의 손바닥은 어린이 쪽으로).

지도자	어린이	지도자	어린이
마	마머모무므미매	다	다더도두드디데
하	하허호후흐히해	타	타터토투트티태
사	사서소수스시새	따	따떠또뚜뜨띠때
자	자저조주즈지재	나	나너노누느니내
차	차처초추츠치채	라	라러로루르리레
가	가거고구그기개	짜	짜쩌쪼쭈쯔찌쩨
카	카커코쿠크키캐	파	파퍼포푸프피패
까	까꺼꼬꾸끄끼깨	빠	빠뻐뽀뿌쁘삐빼

이 활동이 모음 지도의 마지막 단계이다. 지도자가 [차]라고 첫 소리를 냈을 때 어린이가 [차처초추츠치채] 7개의 순서대로 낼 수 있게 해야 하는데 시간이 좀 걸리더라도 능숙하게 할 수 있도록 꾸준히 지도해야 한다. 첫소리를 듣고 끝소리까지 순서대로 낼 수 있도록 다양한 방법으로 연습해야 한다. (교실에 의자 7개 놓고 건너면서 소리 내기, 운동장에 동그라미 7개 그리고 뛰면서 소리 내기, 계단 오르면서 소리 내기, 계단 내려가며 소리 내기, 7명 모둠으로 이어가며 소리 내기, 두 사람이 짝지어서 소리 내기 등.)

활동 2 그림 이름 말하기

– **바구니 그림** 이 그림은 'ㅂ' 모양을 '바구니' 소리라고 떠올리기 위해 고안한 것으로 '바버보부브비배'의 첫소리 '바'를 지도할 때 필요하다.

〈도움말〉 엄마가 시장 갔다 오시면 바구니에 뭐가 들어 있는지 궁금하지요? 위 부분은 바구니 손잡이고 (손가락으로 가리키며) 아래는 무엇이 담겨 있는지 표시가 나는 부분입니다. (손가락으로 가리키며) 과일을 담으면 과일바구니, 야채를 담으면 야채바구니, 꽃을 담으면 꽃바구니, 별을 담으면 별바구니, 바구니에 무지개를 담으려면 바구니 두 개가 필요하겠네요. 바구니 두 개는 쌍바구니. 이 그림은 '바구니'입니다. 따라서 소리 내어 보세요. '바구니.'

〈첫소리 듣고 말하기〉 어린이용 14, 15쪽

- **사람 그림** 이 그림은 'ㅅ' 모양을 '사람' 소리라고 떠올리기 위해 고안한 것으로 '사서소수스시새'의 첫소리 '사'를 지도할 때 필요하다.

〈도움말〉 이 그림은 무엇을 나타낸 것일까요? 아저씨? 아빠? 삼촌? 어른? 아니에요. 이 그림은 사람이 다리를 쫙 뻗고 서 있는 모습입니다. 다리에 힘을 주고 잘 서 있어야 넘어지지 않고 버틸 수 있겠지요? 여러분도 이 사람처럼 다리를 쫙 뻗고 서 보세요. (신체 표현) 이 그림은 '사람'입니다. 따라서 소리 내어 보세요. '사람.'

- **가위 그림** 이 그림은 'ㄱ' 모양을 '가위' 소리라고 떠올리기 위해 고안한 것으로 '가거고구그기개'의 첫소리 '가'를 지도할 때 필요하다.

〈도움말〉 가위에 엄지와 손가락을 넣고 오므렸다 폈다 해 보세요. (실제 가위를 들고) 가위 다리 부분을 잘 보세요. 가위 다리 부분이 어떻게 되나요? 붙었다 떨어졌다 하지요? 조심조심 손가락을 움직일 때 싹둑싹둑 가위를 잘 봐야 해요. (가위 다리 부분을 강조하며) 이 그림은 '가위'입니다. 따라서 소리 내어 보세요. '가위.'

활동 3 소리 듣고 순서대로 연결하고 색칠하기

- **1번 그림**

지도자: 바 버 보 부 브 비 배.
어린이: 바 버 보 부 브 비 배(해당 모음이 있는 점을 차례대로 연결하며).

- **2번 그림**

지도자: 사 서 소 수 스 시 새.
어린이: 사 서 소 수 스 시 새(해당 모음이 있는 점을 차례대로 연결하며).

- **3번 그림**

지도자: 가 거 고 구 그 기 개.
어린이: 가 거 고 구 그 기 개(해당 모음이 있는 점을 차례대로 연결하며).

그림에 어울리게 색칠을 하고 '바버보부브비베', '사서소수스시세', '가거고구그기게'를 다시 소리 내게 한다.

2과정

자음 익히기

목표 'ㅌ'를 보고 '타터토투트티태'를 말할 수 있다.

차시	주제	쪽수	
		어린이용	지도자용
1	그림 이름 말하기	18, 19	22
2	기본자음 익히기	20, 21	26
3	소리 듣고 찾기	22, 23	28
4	거센소리 익히기	24, 25	32
5	된소리 익히기	26, 27	36
6	자음 이름 말하기	28, 29	40

◆ 자음 익히기

준비물: 자음 그림 9개, 자음 자료 세트, 칼라 접시 50개, 원형 스티커

활동 1 그림 이름 말하기

다리미, 나, 가위, 사람, 마차, 자전거, 바구니, 라이터, 아기 9개의 그림 이름을 모두 말할 수 있으면 '활동 2'를 시작할 수 있다.

활동 2 자음 이름 말하기

이 활동의 목표는 'ㄱ'을 보고 '가위'라고 말할 수 있도록 하는 것이다. 주의할 점은 'ㄱ'을 '기역'이라고 말해서는 안 된다는 것이다. 여기서는 어린이가 '기역, 니은, 디귿, 리을, 미음, 비읍, 시옷, 이응, 지읒' 등의 말을 하지 않고 '가위, 나, 다리미, 라이터, 마차, 바구니, 사람, 아기, 자전거'라는 말을 하도록 해야 한다.

1. 그림 이름 말하기

지도자용 부록의 기본자음 카드 ①, ②, ③이 한 세트이다. 맨 앞에는 ③번 자음, 두 번째는 ②번 자음 힌트, 세 번째는 ①번 자음 그림을 한 세트로 묶어 활용한다. ③을 보고 이름을 떠올리면 ②를 보여 주고 마지막 ①에서 어린이가 답을 확인하도록 한다. ③을 보고 이름을 떠올리지 못하더라도 ②를 보여 주고 힌트를 주어야 하며 ②를 보고도 이름을 떠올리지 못하면 ①을 보여 주어 이름을 말하게 한다. ③ 자음을 보고 이름을 말하지 못할 경우 반복해서 세트를 보여 주며 이름을 말할 수 있도록 지도해야 한다. 직접 세트를 조작해 보면서 사용 방법을 숙지하고 수업에 임해야 할 것이다.

2과정 자음 익히기

2. 자음 이름 말하기

2. 자음 찾기 놀이

〈그림 이름 말하기〉 어린이용 18, 19쪽

〈도움말〉

여러분 눈을 감아 보세요. 'ㄷ' 자음 세트 ①, ②, ③을 순서대로 겹쳐서 든다. ③을 맨 위에 놓고 ②, ①이 보이지 않도록 한다.
여러분 눈을 떠 보세요. 이것이 무엇인가요? (처음에 어린이들은 '디귿'이라 하기도 한다.
'다리미'라는 정답이 나와도 지도자는 '맞다'라고 하지 않는다. 답은 어린이가 확인하는 것이 중요하다.)
③을 넘겨서 ②를 보여 준다. (어린이들은 손잡이 모양이 보여도 '다리미'를 떠올리지 못할 수도 있다. 여기에서 '다리미'라는 정답이 나와도 지도자는 '맞다'라고 하지 않는다. 답은 어린이가 확인하는 것이 중요하다.)
②를 넘기고 ①을 보여 준다. (어린이들은 이구동성으로 '다리미'를 말한다. 처음부터 알고 있었다는 표정, 여기서 다리미가 나올 줄은 몰랐다는 표정 등 다양하다.)
(다시 ③을 보여 주고) 이것이 무엇인가요? 다시 묻고 분명하게 '다리미'라고 말하도록 지도한다.

19

①, ②, ③ 세트를 보여 주는 순서는 지도자의 판단으로 정할 수 있으나 "다리미 → 나 → 가위 → 라이터 → 아기 → 자전거 → 마차 → 사람 → 아기"의 순서로 하는 것을 권한다. 특히 라이터의 경우 꺼끌꺼끌한 부분, 액체 가스가 표시되는 부분을 떠올리는 것이 중요하므로 'ㄹ'에서 '여기는 꺼끌꺼끌한 부분, 여기는 액체 가스' 하고 손가락으로 그리면서 말해 보도록 한다. 'ㅅ'을 보고 '사람'이라고 말할 수 있도록 반복 연습한다. 절대로 '시옷'이라고 말하지 않도록 한다.

활동 3 자음 이름 말하기

ㅈ	ㄹ	ㄷ	ㅇ	ㄱ	ㅅ	ㄴ	ㅁ	ㅂ
자전거	라이터	다리미	아기	가위	사람	나	마차	바구니

지도자의 발문에 어린이가 바르게 대답하도록 지도한다. 왜 '가위'인가요? 같은 질문에 자음에서 형상을 떠올려 말할 수 있으면 자음 모양을 헷갈리지 않고 쉽게 구별하게 된다.

◆ 자음 익히기

지도자: ('ㅈ'을 보여 준다.)
지도자: 이것이 무엇인가요?
어린이: '자전거'입니다.
지도자: 왜 '자전거'인가요?
어린이: 양쪽 손잡이를 잡고 두 발을 여기에 올려서 굴리니까요(ㅈ에서 해당 부분을 가리키며).

지도자: ('ㄹ'을 보여 준다.)
지도자: 이것이 무엇인가요?
어린이: '라이터'입니다.
지도자: 왜 '라이터'인가요?
어린이: 여기가 꺼끌꺼끌한 부분이고 여기가 액체 가스가 있는 부분입니다(ㄹ에서 해당 부분을 가리키며).

지도자: ('ㄷ'을 보여 준다.)
지도자: 이것이 무엇인가요?
어린이: '다리미'입니다.
지도자: 왜 '다리미'인가요?
어린이: 여기가 다리미 손잡이 부분이이에요(ㄷ에서 손잡이로 생각되는 부분을 가리키며).
지도자: '다리미'는 어디를 잘 보아야 해요?
어린이: 손잡이를 잘 보아야 해요(ㄷ 모양에서 손잡이 부분을 가리키며).

지도자: ('ㅇ'을 보여 준다.)
지도자: 이것이 무엇인가요?
어린이: '아기'입니다.
지도자: 왜 '아기'인가요?
어린이: 동그란 얼굴에 아기가 웃고 있어요(ㅇ에서 해당 부분을 가리키며).

지도자: ('ㄱ'을 보여 준다.)
지도자: 이것이 무엇인가요?
어린이: 가위입니다.
지도자: 왜 '가위'인가요?
어린이: 손가락을 오므리면 여기 가위 날이 오므라들고, 손가락을 벌리면 여기 가위 날이 벌어져요
　　　　(가위 날 부분을 가리키며).
지도자: 가위는 어디를 잘 보아야 해요?
어린이: 가위 날을 잘 보아야 해요(ㄱ 모양에서 가위 날 부분을 가리키며).

지도자: ('ㅅ'을 보여 준다.)
지도자: 이것이 무엇인가요?
어린이: '사람'입니다.
지도자: 왜 '사람'인가요?
어린이: 사람이 다리를 쭉 뻗고 서 있어요(ㅅ에서 해당 부분을 가리키며).

지도자: ('ㄴ'을 보여 준다.)
지도자: 이것이 무엇인가요?
어린이: 나
지도자: 왜 '나'인가요?
어린이: 엄지손가락이 나를 가리켜요(팔로 나 모양을 만들며).

지도자: ('ㅁ'을 보여 준다.)
지도자: 이것이 무엇인가요?
어린이: '마차'입니다.
지도자: 왜 '마차'인가요?

어린이: 여기가 지붕이고 여기가 기둥, 여기가 바닥이니까요(ㅁ에서 해당 부분을 가리키며).
지도자: 내 입을 보세요. 이렇게 꼭 막아져 있어야 해요. '마차'를 소리 낼 때에는 입술을 꼭 막은 후 소리를 내야 해요. 따라서 해 보세요. 마차.
어린이: 마차(위아래 입술을 막았다가 떼면서 마를 소리 낸다).

지도자: ('ㅂ'을 보여 준다.)
지도자: 이것이 무엇인가요?
어린이: '바구니'입니다.
지도자: 왜 '바구니'인가요?
어린이: 여기가 손으로 잡는 부분이고 여기가 뭔가를 담으면 보이는 부분이니까요.(ㅂ에서 해당 부분을 가리키며).

활동 4 자음 찾기 놀이

이 활동은 자음의 모양에 대한 변별력을 기르기 위해 필요한 활동이다. 정형적인 모양 이외에 손으로 쓰거나 디자인적인 글자를 보고도 자음의 모양을 잘 구별시키기 위한 활동이므로 다양한 모양으로 자음을 그려서 수업에 활용한다.

칼라 종이 접시에 여러 형태의 자음을 그린다(크게, 작게, 굵게 가늘게, 길게, 넓게, 좁게 등 약간의 형태를 변형시켜 그린다). 자음 카드마다 아래에 원형 스티커로 기준점을 붙인다.

자음별로 4~5개 정도씩 준비한다.

지도자: 이것의 이름은 무엇인가요? (기준점이 붙여진 'ㄱ'을 거꾸로 든다.)
어린이: '나'입니다.
지도자: 자음을 볼 때는 기준점을 아래로 오게 해서 보아야 합니다. ('ㄱ'을 돌려 기준점을 아래로 오게 한다.)
어린이: '가위'입니다.
지도자: 자음을 찾을 때에는 기준점을 아래로 오게 한 다음 보아야 바르게 찾을 수 있습니다. (교실 바닥에 자음 카드를 늘어놓는다.)
지도자: 라이터를 찾아오세요. (어린이가 찾아오면 이름을 말하도록 하고 카드를 받아 놓는다.)
지도자: 다리미를 찾아오세요. (어린이가 자음 카드를 가져오면 맞았는지 확인하고 모아 놓는다.)

바닥에 카드가 없어질 때까지 놀이를 계속한다.

바르게 찾아온 어린이들에게는 적절하게 보상을 해 주어서 학습 의욕을 높인다.
9가지 기본자음 찾기가 끝나면 모아 놓은 카드를 다시 한번 보면서 자음의 이름을 말해 보게 한다. 이때에도 기준점을 위, 옆, 아래 등으로 바꾸어 가며 자음을 구별하도록 한다. 자음 찾기를 더 할 수 있도록 어린이용 간지의 배경에 넣었으니 활용하기 바란다. (어린이용 16, 30, 44, 58, 70쪽 참고)

◆ 자음 익히기

준비물: 기본자음 카드 9개, 모음 카드 2개

활동 1 이야기 듣기

— 들려줄 이야기

아기가 길을 걸어갑니다.
　　　　　　　　　'ㅏ' 기분 좋게 걸어갑니다.
웅덩이가 나타났습니다.
　　　　　　　　　'ㅓ' 잘 보고 걸어야지.
길가에 예쁜 꽃들이 피었습니다.
　　　　　　　　　'ㅗ' 입술을 오므리며 다가갑니다.
상쾌한 바람이 붑니다.
　　　　　　　　　'ㅜ' 입술을 내밀며 바람처럼 소리 냅니다.
팔랑팔랑 나비가 날아다닙니다.
　　　　　　　　　'ㅡ' 저절로 입가에 미소가 번집니다.
풀잎에 무언가 매달려 있습니다.
　　　　　　　　　'ㅣ' 이건 뭘까?　"이슬이란다."
이슬이 '애롱애롱' 달려 있구나.
　　　　　　　　　'ㅐ' 애롱애롱 예쁘기도 하지.

아기는 순서대로 소리를 말해 보았습니다.
ㅏ, ㅓ, ㅗ, ㅜ, ㅡ, ㅣ, ㅐ.
아기가 말을 합니다.
내가 수수께끼를 낼 테니 잘 듣고 맞혀 보세요.
ㅈ(자전거), ㅁ(마차), ㅂ(바구니)가 모였어요. 이들은 한 가지 말밖에 할 줄 몰라요.
'ㅈ(자전거)'는 어떤 말을 할까요? 따르릉? 아니에요. 수수께끼인데 따르릉은 아니지요.
그럼 'ㅁ(마차)'는 뭐라고 했을까요? 덜컹덜컹? 아니라니까요.
'ㅂ(바구니)'는 뭐라고 했을까요? 바구니는 말을 못 한다고요? 수수께끼라니까요.

정답: 자전거 → 자저조주즈지재, 마차 → 마머모무므미매, 바구니 → 바버보부브비배.

---

1. 이야기 듣기

2. 어떤 말을 할까요?

	ㅏ	ㅓ	ㅗ	ㅜ	ㅡ	ㅣ	ㅐ(ㅔ)
ㅈ							

	ㅏ	ㅓ	ㅗ	ㅜ	ㅡ	ㅣ	ㅐ(ㅔ)
ㅁ							

	ㅏ	ㅓ	ㅗ	ㅜ	ㅡ	ㅣ	ㅐ(ㅔ)
ㅂ							

2과정 자음 익히기

3. 손가락으로 짚으며 소리내기

	ㅏ	ㅓ	ㅗ	ㅜ	ㅡ	ㅣ	ㅐ(ㅔ)
ㅅ							
ㅇ							
ㄷ							
ㄹ							
ㄴ							
ㄱ							

〈기본자음 익히기〉 어린이용 20, 21쪽

활동 2 어떤 말을 할까요?

– 지도자는 빈 칸을 손으로 짚으며 소리 내면서 시범을 보여 준다. 한 칸씩 차례대로 짚으며 소리 낸다.

지도자: 자전거 자 저 조 주 즈 지 재.

어린이도 따라서 해 보게 한다.

어린이: 자전거 자 저 조 주 즈 지 재.
지도자: 마차 마 머 모 무 므 미 매.
어린이: 마차 마 머 모 무 므 미 매.
지도자: 바구니 바 버 보 부 브 비 배.
어린이: 바구니 바 버 보 부 브 비 배.

어린이 혼자 자전거, 마차, 바구니로 시작하는 말을 끝까지 할 수 있도록 지도한다.

활동 3 손가락으로 짚으며 소리 내기

한 글자에 소리 하나씩 대응시키며 읽는 활동이다. 반드시 순서대로 해야 한다. 처음에는 지도자가 직접 시범을 보여 준다. 시범을 보여 줄 때에 지도자도 글자 하나에 소리 하나씩 대응시켜야 한다. 어린이용에는 빈칸으로 되어 있다. 글자를 읽는 것이 아니라 해당 칸을 짚으면서 소리를 내게 하는 것이 중요하다. 모음 익히기에서 이 소리를 내는 것은 익숙하게 연습했기 때문에 외운 상태로 손가락으로 짚으면서 소리를 내도록 한다. 먼저 시범을 보이고 어린이가 따라서 할 수 있도록 한다. 이 활동은 많이 할수록 좋다.

	ㅏ	ㅓ	ㅗ	ㅜ	ㅡ	ㅣ	ㅐ(ㅔ)
ㅅ	사	서	소	수	스	시	새(세)

지도자: 사람 사 서 소 수 스 시 새.
어린이: 사람 사 서 소 수 스 시 새.

지도자: 아기 아 어 오 우 으 이 애.
어린이: 아기 아 어 오 우 으 이 애.

지도자: 다리미 다 더 도 두 드 디 대.
어린이: 다리미 다 더 도 두 드 디 대.

지도자: 라이터 라 러 로 루 르 리 래.
어린이: 라이터 라 러 로 루 르 리 래.

지도자: 나 나 너 노 누 느 니 내.
어린이: 나 나 너 노 누 느 니 내.

지도자: 가위 가 거 고 구 그 기 개.
어린이: 가위 가 거 고 구 그 기 개.

*주의: 글자 하나에 소리 하나씩 대응시킬 때 소리에 더 중점을 두어야 한다. 'ㅅ' 모양을 보고 '사서소수스시새'의 소리를 대응시키면서 소리 낼 수 있도록 지도한다. 외운 소리를 글자가 없는 해당 칸에서 소리 내도록 하는 것이 중요하다. '소'를 써 본다든지 '이게 '소'라는 글자다'라는 말은 하지 않는다. 'ㅅ' 모양을 보고 모음의 순서대로 '사서소수스시새'의 소리를 대응시키면서 소리를 낼 수 있어야 한다.

◆ 자음 익히기

준비물: 기본자음 카드 9개, 모음 카드 2개

활동 1 소리 듣고 찾기

어린이에게 '아어오우으이애'를 손가락으로 짚으면서 소리 내게 한다. 차례대로 바르게 글자 하나와 소리 하나씩 대응시키는 것을 확인한다.

선생님이 말하는 소리를 찾아보세요. '오.'

어린이는 '아'부터 차례대로 천천히 소리 내면서 '오' 소리가 나올 때까지 찾는다.

어린이 '아 어 오', '오'입니다.

어린이에게 '가거고구그기게'를 손가락으로 짚으면서 소리 내게 한다. 차례대로 바르게 글자 하나와 소리 하나씩 대응시키는 것을 확인한다.

선생님이 말하는 소리를 찾아보세요. '기.'

어린이는 '가'부터 차례대로 천천히 소리 내면서 '기' 소리가 나올 때까지 찾는다.

어린이 '가 거 고 구 그 기', '기'입니다.

어린이에게 '라로로루르리래'를 손가락으로 짚으면서 소리 내게 한다.
차례대로 바르게 글자 하나와 소리 하나씩 대응시키는 것을 확인한다.
선생님이 말하는 소리를 찾아보세요. '루.'
어린이는 '라'부터 차례대로 천천히 소리 내면서 '루' 소리가 나올 때까지 찾는다.
어린이 '라 로 로 루', '리'입니다.

어린이에게 '사서소수스시세'를 손가락으로 짚으면서 소리 내게 한다.
차례대로 바르게 글자 하나와 소리 하나씩 대응시키는 것을 확인한다.
선생님이 말하는 소리를 찾아보세요. '서.'
어린이는 '사'부터 차례대로 천천히 소리 내면서 '서' 소리가 나올 때까지 찾는다.
어린이 '사 서', '서'입니다.

---

1. 소리 듣고 찾기

ㅇ						
ㅏ	ㅓ	ㅗ	ㅜ	ㅡ	ㅣ	ㅐ(ㅔ)

ㄱ						
ㅏ	ㅓ	ㅗ	ㅜ	ㅡ	ㅣ	ㅐ(ㅔ)

ㄹ						
ㅏ	ㅓ	ㅗ	ㅜ	ㅡ	ㅣ	ㅐ(ㅔ)

ㅅ						
ㅏ	ㅓ	ㅗ	ㅜ	ㅡ	ㅣ	ㅐ(ㅔ)

ㅁ						
ㅏ	ㅓ	ㅗ	ㅜ	ㅡ	ㅣ	ㅐ(ㅔ)

ㅂ						
ㅏ	ㅓ	ㅗ	ㅜ	ㅡ	ㅣ	ㅐ(ㅔ)

ㄴ						
ㅏ	ㅓ	ㅗ	ㅜ	ㅡ	ㅣ	ㅐ(ㅔ)

ㅈ						
ㅏ	ㅓ	ㅗ	ㅜ	ㅡ	ㅣ	ㅐ(ㅔ)

2과정 자음 익히기

2. 소리 만들기

2. 자음과 모음의 위치 알기

〈소리 듣고 찾기〉 어린이용 22, 23쪽

　어린이에게 '마머모무므미매'를 손가락으로 짚으면서 소리 내게 한다. 차례대로 바르게 글자 하나와 소리 하나씩 대응시키는 것을 확인한다.
　　선생님이 말하는 소리를 찾아보세요. '매.'
　　어린이는 '마'부터 차례대로 천천히 소리 내면서 '매' 소리가 나올 때까지 찾는다.
　　어린이 '마 머 모 무 므 미 매', '매'입니다.

　어린이에게 '바버보부브비배'를 손가락으로 짚으면서 소리 내게 한다. 차례대로 바르게 글자 하나와 소리 하나씩 대응시키는 것을 확인한다.
　　선생님이 말하는 소리를 찾아보세요. '비.'
　　어린이는 '바'부터 차례대로 천천히 소리 내면서 '비' 소리가 나올 때까지 찾는다.
　　어린이 '바 버 보 부 브 비', '비'입니다.

23

　어린이에게 '나너노누느니내'를 손가락으로 짚으면서 소리 내게 한다.
　차례대로 바르게 글자 하나와 소리 하나씩 대응시키는 것을 확인한다.
　선생님이 말하는 소리를 찾아보세요. '나.'
　어린이는 '나'부터 차례대로 천천히 소리 내도록 한다.
　어린이 '나', 처음에 나왔습니다. '나'입니다.

　어린이에게 '자저조주즈지재'를 손가락으로 짚으면서 소리 내게 한다.
　차례대로 바르게 글자 하나와 소리 하나씩 대응시키는 것을 확인한다.
　선생님이 말하는 소리를 찾아보세요. '즈.'
　어린이는 '자'부터 차례대로 천천히 소리 내면서 '즈' 소리가 나올 때까지 찾는다.
　어린이 '자 저 조 주 즈', '즈'입니다.

◆ 자음 익히기

활동 2 소리(글자) 만들기

**준비물: 지도자용 기본자음 카드 9개, 모음 카드 2개
어린이용 기본자음 카드 9개, 모음 카드 2개 (어린이용 모음은 지도자가 가위로 오려서 어린이에게 준다.)**

소리(글자)를 만드는 방법을 설명한다. 자음은 왼쪽이나 위쪽에만 온다. 'ㅏ, ㅓ, ㅣ, ㅐ, ㅔ' 모음은 자음의 오른쪽에만 오며 'ㅗ, ㅜ'는 아래쪽에만 온다. 'ㅏ' 모음 카드로 'ㅏ, ㅓ, ㅗ, ㅜ'를 만들고 'ㅣ' 모음 카드로 'ㅡ, ㅣ'를 만들며 'ㅏ'와 'ㅣ' 모음 카드를 사용하여 'ㅐ, ㅔ'를 만든다. 'ㅐ'와 'ㅔ'는 '모래'와 '모레'의 경우처럼 모양은 구별하지만 같은 소리를 내도록 지도한다.

주의: 〈자음과 모음의 위치는 가르치지 않아도 알고 있겠지〉 하는 생각은 아예 하지 말자. 글자를 그리듯 쓰는 아이, 글자를 그림으로 받아 들이는 아이들을 보면 대부분 여기에서 오류를 보인다. 마치 아이 혼자 이 규칙을 발견한 것처럼 모음을 어디에 놓아야 하는 지 아이의 입으로 설명하도록 하는 것이 필요하다. 아이가 말할 때는 오른쪽, 왼쪽 이런 말을 할 필요는 없다. 모음을 놓으면서 〈여기, 여기〉 라고 표현하도록 한다.

'가거고구그기개' 소리를 내면서 소리(글자)를 만든다.
'ㄱ'을 책상에 먼저 놓고 모음 'ㅏ'의 위치를 바꾸어 가며 '가 거 고 구'를 소리 낸다.
모음 'ㅡ'를 아래에 놓고 '그', 모음 'ㅣ'를 옆에 놓고 '기' 소리를 낸다.
모음 'ㅏ'와 모음 'ㅣ'를 'ㄱ' 옆에 놓고 '개' 소리를 낸다.

'나너노누느니네' 소리를 내면서 소리(글자)를 만든다.
'ㄴ'을 책상에 먼저 놓고 모음 'ㅏ'의 위치를 바꾸어 가며 '나 너 노 누'를 소리 낸다.
모음 'ㅡ'를 아래에 놓고 '느', 모음 'ㅣ'를 옆에 놓고 '니' 소리를 낸다.
모음 'ㅓ'와 모음 'ㅣ'를 'ㄴ' 옆에 놓고 '네' 소리를 낸다.

'다더도두드디대' 소리를 내면서 소리(글자)를 만든다.
'ㄷ'을 책상에 먼저 놓고 모음 'ㅏ'의 위치를 바꾸어 가며 '다 더 도 두'를 소리 낸다.
모음 'ㅡ'를 아래에 놓고 '드', 모음 'ㅣ'를 옆에 놓고 '디' 소리를 낸다.
모음 'ㅏ'와 모음 'ㅣ'를 'ㄷ' 옆에 놓고 '대' 소리를 낸다.

다른 소리(글자)도 위와 같은 방법으로 하면서 모음의 위치를 익히도록 한다.

〈소리 듣고 찾기〉 어린이용 22, 23쪽

활동 3 자음과 모음의 위치 알기

보기처럼 자음과 모음의 위치가 바른 글자에는 ○, 바르지 않은 글자에는 ×를 표시하도록 한다.

보기 ㅓㄹ	보기 ㄹㅓ	ㅜ ㅁ	ㅁ ㅗ
×	○	×	○
ㅏㅈ	ㅈㅏ	ㄴ ㅡ	ㅅ ㅣ
×	○	○	×
ㅜㄴ	ㅣㅂ	ㅂㅣ	ㅇ ㅜ
×	×	○	○
ㅔㅁ	ㅇㅜ	ㄱ ㅜ	ㅇㅔ
×	×	○	○
ㄹㅔ	ㅗ ㅅ	ㅇㅏ	ㅇㅓ
○	×	○	○

복모음 지도 방법의 예(모음카드 2벌 필요)

ㅏ ㅓ ㅗ ㅜ ㅡ ㅣ ㅐ(ㅔ) 의 위치를 익히고 그에 대응되는 소리를 능숙하게 말하면 복모음을 지도할 수 있다. 복모음을 소리낼 때는 모음카드 2벌이 필요하다.

츼 '츠'를 만들어 소리내고 이어 'ㅣ'를 옆에 놓고 천천히 '츠이'한 후 빠르게 '츼'를 소리낸다. '츠이 츼'
궤 '구'를 만들어 소리내고 이어 'ㅔ'를 옆에 놓고 천천히 '구에'한 후 빠르게 '궤'를 소리낸다. '구에 궤'
위 '우'를 만들어 소리내고 이어 'ㅣ'를 옆에 놓고 천천히 '우이'한 후 빠르게 '위'를 소리낸다. '우이 위'

냐 'ㅏ' 모음 카드를 두 개 겹쳐서 'ㅑ'를 만든 후 '냐'를 소리내도 되고 '나냐'를 만들며 소리내도 된다.
벼 'ㅓ' 모음 카드를 두 개 겹쳐서 'ㅕ'를 만든 후 '벼'를 소리내도 되고 '버벼'를 만들며 소리내도 된다.
요 'ㅗ' 모음 카드를 두 개 겹쳐서 'ㅛ'를 만든 후 '요'를 소리내도 되고 '오요'를 만들며 소리내도 된다.
휴 'ㅜ' 모음 카드를 두 개 겹쳐서 'ㅠ'를 만든 후 '휴'를 소리내도 되고 '후휴'를 만들며 소리내도 된다.

◆ 자음 익히기

활동 1 비슷한 모양끼리 선으로 잇기

칠판에 기본자음 'ㄱ, ㄴ, ㄷ, ㄹ, ㅁ, ㅂ, ㅅ, ㅇ, ㅈ'을 그리거나 자음 카드를 붙여 놓고 다른 쪽에 'ㅌ'을 제시한다.

지도자: 'ㅌ' 모양과 가장 비슷한 것을 찾아보세요.
어린이: 'ㄷ'입니다.
지도자: 'ㅌ'은 'ㄷ'보다 하나가 (가운데 선 모양을 가리키며) 더 있습니다. 그래서 힘이 더 센 형님입니다. 'ㅌ'은 'ㄷ'의 형님이라서 이름도 더 센소리 '타리미'입니다. ('ㄷ'을 가리키며) 다리미, ('ㅌ'을 가리키며) 타리미.

선생님 소리를 따라서 해 봅시다. ('ㄷ'을 가리키며) '다리미', ('ㅌ'을 가리키며) 타리미.

지도자: '다'는 치아 뒤에 혀를 부딪치면서 냅니다. 같은 위치에서 더 세게 부딪쳐 소리 내어 보세요. (구강 그림에서 치아 뒤에 혀를 부딪치는 표시를 하며) '타.'
지도자: 'ㄷ'의 이름은 무엇인가요? ('ㄷ'을 가리키며, 절대로 '디귿'이라는 말을 쓰지 않는다.)
어린이: '다리미'입니다.

지도자: 'ㅌ'의 이름은 무엇인가요?
어린이: '타리미'입니다. (혀를 치아 뒤에 더 세게 부딪치며 낸다. '다' 소리보다 세게 내는 것이 '타' 소리임을 알아야 'ㅌ' 모양을 보고 '다리미'를 떠올리고, 이어서 '타리미' 소리를 스스로 낼 수 있다.)

지도자: 'ㅋ' 모양과 가장 비슷한 것을 찾아보세요.
어린이: 'ㄱ'입니다.
지도자: 'ㅋ'은 'ㄱ'보다 하나가 (가운데 선 모양을 가리키며) 더 있습니다. 그래서 힘이 더 센 형님입니다. 'ㅋ'은 'ㄱ'의 형님이라서 이름도 더 센소리 '카위'입니다. ('ㄱ'을 가리키며) '가위', ('ㅋ'을 가리키며) '카위.'

선생님 소리를 따라서 해 봅시다. ('ㄱ'을 가리키며) '가위', ('ㅋ'을 가리키며) '카위.'

지도자: '가'는 목구멍에서 소리가 납니다. 'ㅋ'는 '가'보다 더 세게 소리 냅니다. '카.'
지도자: 'ㄱ'의 이름은 무엇인가요? ('ㄱ'을 가리키며, 절대로 '기역'이라는 말을 쓰지 않는다.)
어린이: '가위'입니다.
지도자: 'ㅋ'의 이름은 무엇인가요?
어린이: '카위'입니다. ('가'보다 더 세게 낸다. '가' 소리보다 세게 내는 것이 '카' 소리임을 알아야 'ㅋ' 모양을 보고 '가위' 소리를 떠올리고, 이어서 '카위' 소리를 스스로 낼 수 있다.)

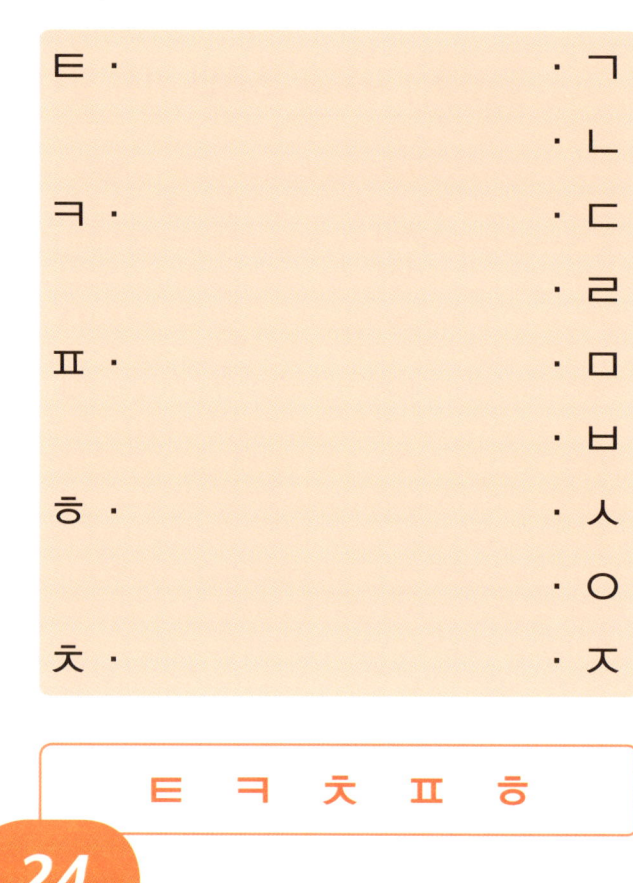

1. 비슷한 모양끼리 선으로 잇기

2과정 자음 익히기

〈거센소리 익히기〉 어린이용 24, 25쪽

2. 손가락으로 짚으며 소리내기

	ㅏ	ㅓ	ㅗ	ㅜ	ㅡ	ㅣ	ㅐ(ㅔ)
ㅋ							

	ㅏ	ㅓ	ㅗ	ㅜ	ㅡ	ㅣ	ㅐ(ㅔ)
ㅌ							

	ㅏ	ㅓ	ㅗ	ㅜ	ㅡ	ㅣ	ㅐ(ㅔ)
ㅍ							

	ㅏ	ㅓ	ㅗ	ㅜ	ㅡ	ㅣ	ㅐ(ㅔ)
ㅊ							

	ㅏ	ㅓ	ㅗ	ㅜ	ㅡ	ㅣ	ㅐ(ㅔ)
ㅎ							

3. 소리찾기

ㅎ

ㅏ	ㅓ	ㅗ	ㅜ	ㅡ	ㅣ	ㅐ(ㅔ)

ㅌ

ㅏ	ㅓ	ㅗ	ㅜ	ㅡ	ㅣ	ㅐ(ㅔ)

ㅋ

ㅏ	ㅓ	ㅗ	ㅜ	ㅡ	ㅣ	ㅐ(ㅔ)

ㅊ

ㅏ	ㅓ	ㅗ	ㅜ	ㅡ	ㅣ	ㅐ(ㅔ)

ㅍ

ㅏ	ㅓ	ㅗ	ㅜ	ㅡ	ㅣ	

지도자: 'ㅍ' 모양과 가장 비슷한 것을 찾아보세요.
어린이: 'ㅂ'입니다.
지도자: 'ㅍ'은 'ㅂ'의 형님입니다. 그래서 힘이 더 셉니다. 'ㅍ'은 'ㅂ'의 형님이라서 이름도 더 센소리 '파구니'입니다. ('ㅂ'을 가리키며) '바구니', ('ㅍ'을 가리키며) '파구니.'

선생님 소리를 따라서 해 봅시다. ('ㅂ'을 가리키며) '바구니', ('ㅍ'을 가리키며) '파구니.'

지도자: '바'는 위아래 입술을 붙였다 떼면서 내는 소리입니다. '파'는 '바'보다 더 세게 소리 냅니다. '파.'
지도자: 'ㅂ'의 이름은 무엇인가요? ('ㅂ'을 가리키며, 절대로 '비읍'이라는 말을 쓰지 않는다.)
어린이: '바구니'입니다.
지도자: 'ㅍ'의 이름은 무엇인가요?
어린이: '파구니'입니다. ('바'보다 더 세게 낸다. '바' 소리보다 세게 내는 것이 '파' 소리임을 알아야 'ㅍ' 모양을 보고 '바구니' 소리를 떠올리고, 이어서 '파구니' 소리를 스스로 낼 수 있다)
지도자: 'ㅎ' 모양과 가장 비슷한 것을 찾아보세요.
어린이: 'ㅇ'입니다

지도자: 'ㅎ'은 'ㅇ'의 형님입니다. 그래서 힘이 더 셉니다. 'ㅎ'은 'ㅇ'의 형님이라서 이름도 더 센소리 '하기'입니다. ('ㅇ'을 가리키며) '아기', ('ㅎ'을 가리키며) '하기'.
선생님 소리를 따라서 해 봅시다. ('ㅇ'을 가리키며) '아기', ('ㅎ'을 가리키며) '하기'.
지도자: '아'는 목구멍을 열어서 내는 소리입니다. 'ㅎ'는 '아'보다 더 세게 소리 냅니다. '하.'
지도자: 'ㅇ'의 이름은 무엇인가요? ('ㅇ'을 가리키며, 절대로 '이응'이라는 말을 쓰지 않는다.)
어린이: '아기'입니다.
지도자: 'ㅎ'의 이름은 무엇인가요?
어린이: '하기'입니다. ('아'보다 더 세게 소리 낸다. '아' 소리보다 세게 내는 것이 '하' 소리임을 알아야 'ㅇ' 모양을 보고 '아기' 소리를 떠올리고, 이어서 '하기' 소리를 스스로 낼 수 있다.)

지도자: 'ㅊ' 모양과 가장 비슷한 것을 찾아보세요.
어린이: 'ㅈ'입니다.
지도자: 'ㅊ'은 'ㅈ'보다 하나가 (위의 선을 가리키며) 더 있습니다. 그래서 힘이 더 센 형님입니다. 'ㅊ'은 'ㅈ'의 형님이라서 이름도 더 센소리 '차전거'입니다. ('ㅈ'을 가리키며) '자전거', ('ㅊ'을 가리키며) '차전거.'

선생님 소리를 따라서 해 봅시다. ('ㅈ'을 가리키며) '자전거', ('ㅊ'을 가리키며) '차전거.'

지도자: '자'는 입천장에 혓바닥을 대면서 내는 소리입니다. 'ㅊ'는 'ㅈ'보다 더 세게 소리 냅니다. '차.'
지도자: 'ㅈ'의 이름은 무엇인가요? ('ㅈ'을 가리키며, 절대로 '지읒'이라는 말을 쓰지 않는다.)
어린이: '자전거'입니다.
지도자: 'ㅊ'의 이름은 무엇인가요?
어린이: '차전거'입니다. ('자'보다 더 세게 소리 낸다. '자' 소리보다 세게 내는 것이 '차' 소리임을 알아야 'ㅈ' 모양을 보고 '자전거' 소리를 떠올리고, 이어서 '차전거' 소리를 스스로 낼 수 있다.)

◆ 자음 익히기

– 거센소리와 된소리의 이름을 가르친 후 칠판에 다음과 같이 써 놓고 지도하면 좋다. 구강그림을 활용하여 소리가 나오는 위치를 인식하도록 한다.

ㄴ	ㅌ ㄷ ㄸ	ㅁ	ㅍ ㅂ ㅃ	ㅋ ㄱ ㄲ	ㅅ ㅆ	ㅊ ㅈ ㅉ	ㅎ ㅇ	ㄹ

활동 2 손가락으로 짚으며 소리내기

– 지도자는 한 칸씩 차례대로 짚으며 소리 내면서 시범을 보여 준다.

지도자: 카위 카 커 코 쿠 크 키 캐.

어린이도 한 칸씩 차례대로 짚으며 따라 한다.

어린이: 카위 카 커 코 쿠 크 키 캐.

– 첫소리를 지도자가 내고 어린이가 이어서 낸다.

지도자: 카위.
어린이: 카 커 코 쿠 크 키 캐.

– 첫소리부터 어린이가 내도록 한다.

어린이: 카위 카 커 코 쿠 크 키 캐.

이어 ㅌ, ㅍ, ㅊ, ㅎ도 같은 방법으로 소리를 익힌다.

활동 3 소리찾기

어린이에게 '하허호후흐히해'를 손가락으로 짚으면서 소리 내게 한다.
차례대로 바르게 글자 하나와 소리 하나씩 대응시키는 것을 확인한다.
선생님이 말하는 소리를 찾아보세요. '후.'
어린이는 '하'부터 차례대로 천천히 소리 내면서 '후' 소리가 나올 때까지 찾는다.
어린이 '하 허 호 후', '후'입니다.

어린이에게 '타터토투트티태'를 손가락으로 짚으면서 소리 내게 한다.
차례대로 바르게 글자 하나와 소리 하나씩 대응시키는 것을 확인한다.
선생님이 말하는 소리를 찾아보세요. '터.'
어린이는 '타'부터 차례대로 천천히 소리 내면서 '터' 소리가 나올 때까지 찾는다.
어린이 '타 터', '터'입니다.

〈거센소리 익히기〉 어린이용 24, 25쪽

어린이에게 '카커코쿠크키케'를 손가락으로 짚으면서 소리 내게 한다.
차례대로 바르게 글자 하나와 소리 하나씩 대응시키는 것을 확인한다.
선생님이 말하는 소리를 찾아보세요. '키.'
어린이는 '카'부터 차례대로 천천히 소리 내면서 '키' 소리가 나올 때까지 찾는다.
어린이 '카 커 코 쿠 크 키', '키'입니다.

어린이에게 '차처초추츠치체'를 손가락으로 짚으면서 소리 내게 한다.
차례대로 바르게 글자 하나와 소리 하나씩 대응시키는 것을 확인한다.
선생님이 말하는 소리를 찾아보세요. '차.'
어린이는 '차'부터 차례대로 천천히 소리 내면서 '차' 소리가 나올 때까지 찾는다.
어린이 '차', '차'입니다.

어린이에게 '파퍼포푸프피패'를 손가락으로 짚으면서 소리 내게 한다.
차례대로 바르게 글자 하나와 소리 하나씩 대응시키는 것을 확인한다.
선생님이 말하는 소리를 찾아보세요. '페.'
어린이는 '파'부터 차례대로 천천히 소리 내면서 '페' 소리가 나올 때까지 찾는다.
어린이 '파퍼포푸프피페', '페'입니다.

〈재미있는 말놀이 1〉
준비물 : 자음카드, 눈 가리개, 네모 칸이 7개 있는 장소

닿소리의 시작점을 놓치지 않고 모음의 순서를 지켜 자연스럽게 말 할 수 있음을 확인한 후 네모 칸이 7개 있는 장소에서 실시한다. 자음을 보여준 후 눈을 감게 하고 한 칸 씩 움직이며 소리를 내게 한다. 소리를 내면서 선을 밟지 않고 7개 칸을 통과하면 성공, 선을 밟거나 소리가 틀리면 실패. 자신있게 소리를 내지 않고서는 성공하기 어려운, 재미있으면서도 큰 효과를 볼 수 있는 놀이이다.

〈재미있는 말놀이 2〉
말하는 친구 알아맞히기

한 사람을 앞으로 나오게 하여 눈가리개를 한다. 지도자는 앉아 있는 사람 중에서 한 사람에게 자음 카드(ㄴ)를 보여 주고 소리(나너노누느니내)를 내게 한다. 앞에 나온 사람이 말하는 사람의 이름을 알아맞힐 때까지 자음 카드를 바꾸어 보여 주면서 놀이를 계속한다. 말하는 사람이 다른 사람이나 동물의 소리를 흉내내면 더 재미있다.

◆ 자음 익히기

활동 1 │ 비슷한 모양끼리 줄로 잇기

칠판에 기본자음 'ㄱ, ㄴ, ㄷ, ㄹ, ㅁ, ㅂ, ㅅ, ㅇ, ㅈ'을 그리거나 자음 카드를 붙여 놓고 'ㄸ'을 제시한다.

지도자: 'ㄸ' 모양과 가장 비슷한 것을 찾아보세요.
어린이: 'ㄷ(다리미)'입니다.
지도자: 'ㄸ'은 'ㄷ'이 두 개 겹쳐 있습니다. 그래서 소리를 더 된소리로 내야 합니다. 'ㄸ' 이름은 '따리미'입니다. ('ㄷ'을 가리키며) 다리미, ('ㄸ'을 가리키며) 따리미.

선생님 소리를 따라서 해 봅시다. ('ㄷ'을 가리키며) 다리미, ('ㄸ'을 가리키며) 따리미.

지도자: '다'는 치아 뒤에 혀를 부딪치면서 냅니다. 같은 위치에서 더 된소리로 소리 내어 보세요. '따.'
지도자: 'ㄷ'의 이름은 무엇인가요? ('ㄷ'을 가리키며, 절대로 '디귿'이라는 말을 쓰지 않는다.)
어린이: '다리미'입니다.
지도자: 'ㅌ'의 이름은 무엇인가요? ('ㅌ'을 가리키며, 절대로 '티읕'이라는 말을 쓰지 않는다.)
어린이: '타리미'입니다.
지도자: 'ㄸ'의 이름은 무엇인가요? ('ㄸ'을 가리키며, 절대로 '쌍디귿'이라는 말을 쓰지 않는다.)
어린이: '따리미'입니다.
지도자: ('ㄷ'을 가리키며) 다리미, ('ㅌ'을 가리키며 타리미), ('ㄸ'을 가리키며) 따리미.
어린이: ('ㄷ'을 보며) 다리미, ('ㅌ'을 보며) 타리미, ('ㄸ'을 보며) 따리미.

칠판에 기본자음 'ㄱ, ㄴ, ㄷ, ㄹ, ㅁ, ㅂ, ㅅ, ㅇ, ㅈ'을 그리거나 자음 카드를 붙여 놓고 'ㄲ'을 제시한다.

지도자: 'ㄲ' 모양과 가장 비슷한 것을 찾아보세요.
어린이: 'ㄱ'입니다.
지도자: 'ㄲ'은 'ㄱ'이 두 개 겹쳐 있습니다. 그래서 소리를 더 된소리로 내야 합니다. 'ㄲ' 이름은 '까위'입니다. ('ㄱ'을 가리키며) 가위, ('ㄲ'을 가리키며) 까위.

선생님 소리를 따라서 해 봅시다. ('ㄱ'을 가리키며) 가위, ('ㄲ'을 가리키며) 까위.

지도자: '가'는 목구멍을 혀뿌리로 막으며 소리 냅니다. 같은 위치에서 더 된소리로 소리 내어 보세요. '까.'
지도자: 'ㄱ'의 이름은 무엇인가요? ('ㄱ'을 가리키며, 절대로 '기역'이라는 말을 쓰지 않는다.)
어린이: '가위'입니다.
지도자: 'ㅋ'의 이름은 무엇인가요? ('ㅋ'을 가리키며, 절대로 '키읔'이라는 말을 쓰지 않는다.)
어린이: '카위'입니다.
지도자: 'ㄲ'의 이름은 무엇인가요? ('ㄲ'을 가리키며, 절대로 '쌍기역'이라는 말을 쓰지 않는다.)
어린이: '까위'입니다.
지도자: ('ㄱ'을 가리키며) 가위, ('ㅋ'을 가리키며) 카위, ('ㄲ'을 가리키며) 까위.
어린이: ('ㄱ'을 보며) 가위, ('ㅋ'을 보며) 카위, ('ㄲ'을 보며) 까위.

◇◇◇◇◆◇

1. 비슷한 모양끼리 선으로 잇기

ㅌ ·		· ㄱ ·		· ㄲ
		· ㄴ ·		
ㅋ ·		· ㄷ ·		· ㄸ
		· ㄹ ·		
ㅍ ·		· ㅁ ·		· ㅆ
		· ㅂ ·		
ㅎ ·		· ㅅ ·		· ㅃ
		· ㅇ ·		
ㅊ ·		· ㅈ ·		· ㅉ

ㄲ   ㄸ   ㅉ   ㅃ   ㅆ

26

2과정 자음 익히기

〈된소리 익히기〉 어린이용 26, 27쪽

2. 손가락으로 짚으며 소리내기

ㅆ	ㅏ	ㅓ	ㅗ	ㅜ	ㅡ	ㅣ	ㅐ(ㅔ)
ㅃ	ㅏ	ㅓ	ㅗ	ㅜ	ㅡ	ㅣ	ㅐ(ㅔ)
ㄲ	ㅏ	ㅓ	ㅗ	ㅜ	ㅡ	ㅣ	ㅐ(ㅔ)
ㄸ	ㅏ	ㅓ	ㅗ	ㅜ	ㅡ	ㅣ	ㅐ(ㅔ)
ㅉ	ㅏ	ㅓ	ㅗ	ㅜ	ㅡ	ㅣ	ㅐ(ㅔ)

3. 소리찾기

ㅆ							
	ㅏ	ㅓ	ㅗ	ㅜ	ㅡ	ㅣ	ㅐ(ㅔ)

ㅃ							
	ㅏ	ㅓ	ㅗ	ㅜ	ㅡ	ㅣ	ㅐ(ㅔ)

ㄲ							
	ㅏ	ㅓ	ㅗ	ㅜ	ㅡ	ㅣ	ㅐ(ㅔ)

ㄸ							
	ㅏ	ㅓ	ㅗ	ㅜ	ㅡ	ㅣ	ㅐ(ㅔ)

ㅉ							
	ㅏ	ㅓ	ㅗ	ㅜ	ㅡ	ㅣ	

칠판에 기본자음 'ㄱ, ㄴ, ㄷ, ㄹ, ㅁ, ㅂ, ㅅ, ㅇ, ㅈ'을 그리거나 자음 카드를 붙여 놓고 'ㅆ'을 제시한다.

지도자: 'ㅆ' 모양과 가장 비슷한 것을 찾아보세요.
어린이: 'ㅅ'입니다.
지도자: 'ㅆ'은 'ㅅ'이 두 개 겹쳐 있습니다. 그래서 소리를 더 된소리로 내야 합니다. 'ㅆ' 이름은 '싸람'입니다. ('ㅅ'을 가리키며) 사람, ('ㅆ'을 가리키며) 싸람.

선생님 소리를 따라서 해 봅시다. ('ㅅ'을 가리키며) 사람, ('ㅆ'을 가리키며) 싸람.

지도자: '사'는 입천장에 혓바닥을 대면서 치아로 바람을 보내며 내는 소리입니다. 같은 위치에서 더 된소리로 소리 내어 보세요. '싸.'
지도자: 'ㅅ'의 이름은 무엇인가요? ('ㅅ'을 가리키며, 절대로 '시옷'이라는 말을 쓰지 않는다.)
어린이: '사람'입니다.
지도자: 'ㅆ'의 이름은 무엇인가요? ('ㅆ'을 가리키며, 절대로 '쌍시옷'이라는 말을 쓰지 않는다.)
어린이: '싸람'입니다.
지도자: ('ㅅ'을 가리키며) 사람, ('ㅆ'을 가리키며) 싸람.
어린이: ('ㅅ'을 보며) 사람, ('ㅆ'을 보며) 싸람.

27

칠판에 기본자음 'ㄱ, ㄴ, ㄷ, ㄹ, ㅁ, ㅂ, ㅅ, ㅇ, ㅈ'을 그리거나 자음 카드를 붙여 놓고 'ㅉ'을 제시한다.

지도자: 'ㅉ' 모양과 가장 비슷한 것을 찾아보세요.
어린이: 'ㅈ'입니다.
지도자: 'ㅉ'은 'ㅈ'이 두 개 겹쳐 있습니다. 그래서 소리를 더 된소리로 내야 합니다. 'ㅉ' 이름은 '짜전거'입니다. ('ㅈ'을 가리키며) 자전거, ('ㅉ'을 가리키며) 짜전거.

선생님 소리를 따라서 해 봅시다. ('ㅈ'을 가리키며) 자전거, ('ㅉ'을 가리키며) 짜전거.

지도자: '자'는 입천장에 혓바닥을 대면서 소리 냅니다. 같은 위치에서 더 된소리로 소리 내어 보세요. '짜.'
지도자: 'ㅈ'의 이름은 무엇인가요? ('ㅈ'을 가리키며, 절대로 '지읒'이라는 말을 쓰지 않는다.)
어린이: '자전거'입니다.
지도자: 'ㅊ'의 이름은 무엇인가요? ('ㅊ'을 가리키며, 절대로 '치읓'이라는 말을 쓰지 않는다.)
어린이: '차전거'입니다.
지도자: 'ㅉ'의 이름은 무엇인가요? ('ㅉ'을 가리키며, 절대로 '쌍지읒'이라는 말을 쓰지 않는다.)
어린이: '짜전거'입니다.
지도자: ('ㅈ'을 가리키며) 자전거, ('ㅊ'을 가리키며 차전거), ('ㅉ'을 가리키며) 짜전거.
어린이: ('ㅈ'을 보며) 자전거, ('ㅊ'을 보며) 차전거, ('ㅉ'을 보며) 짜전거.

◆ 자음 익히기

칠판에 기본자음 'ㄱ, ㄴ, ㄷ, ㄹ, ㅁ, ㅂ, ㅅ, ㅇ, ㅈ'을 그리거나 자음 카드를 붙여 놓고 'ㅃ'을 제시한다.

지도자: 'ㅃ' 모양과 가장 비슷한 것을 찾아보세요.
어린이: 'ㅂ'입니다.
지도자: 'ㅃ'은 'ㅂ'이 두 개 겹쳐 있습니다. 그래서 소리를 더 된소리로 내야 합니다. 'ㅃ' 이름은 '빠구니'입니다. ('ㅂ'을 가리키며) 바구니, ('ㅃ'을 가리키며) 빠구니.

선생님 소리를 따라서 해 봅시다. ('ㅂ'을 가리키며) 바구니, ('ㅃ'을 가리키며) 빠구니.

지도자: 'ㅂ'는 위아래 입술을 붙였다 떼면서 소리 냅니다. 같은 위치에서 더 된소리로 소리 내어 보세요. '빠.'
지도자: 'ㅂ'의 이름은 무엇인가요? ('ㅂ'을 가리키며, 절대로 '비읍'이라는 말을 쓰지 않는다.)
어린이: '바구니'입니다.
지도자: 'ㅍ'의 이름은 무엇인가요? ('ㅍ'을 가리키며, 절대로 '피읖'이라는 말을 쓰지 않는다.)
어린이: '파구니'입니다.
지도자: 'ㅃ'의 이름은 무엇인가요? ('ㅉ'을 가리키며, 절대로 '쌍지읒'이라는 말을 쓰지 않는다.)
어린이: '빠구니'입니다.
지도자: ('ㅂ'을 가리키며) 바구니, ('ㅍ'을 가리키며 파구니), ('ㅃ'을 가리키며) 파구니.
어린이: ('ㅂ'을 보며) 바구니, ('ㅍ'을 보며) 파구니, ('ㅃ'을 보며) 빠구니.

활동 2 손가락으로 짚으며 소리 내기

– 지도자는 한 칸씩 차례대로 짚으며 소리 내면서 시범을 보여 준다.

지도자: 싸람 싸 써 쏘 쑤 쓰 씨 쎄.

어린이도 한 칸씩 차례대로 짚으며 따라 한다.

어린이: 싸람 싸 써 쏘 쑤 쓰 씨 쎄.

– 첫소리를 지도자가 내고 어린이가 이어서 낸다.

지도자: 싸람.
어린이: 싸 써 쏘 쑤 쓰 씨 쎄.

– 첫소리부터 어린이가 내도록 한다.

어린이: 싸람 싸 써 쏘 쑤 쓰 씨 쎄.

이어 ㅃ, ㄲ, ㄸ, ㅉ도 같은 방법으로 소리를 익힌다.

〈된소리 익히기〉 어린이용 26, 27쪽

활동 3   소리찾기

어린이에게 '싸써쏘쑤쓰씨쌔'를 손가락으로 짚으면서 소리 내게 한다.
차례대로 바르게 글자 하나와 소리 하나씩 대응시키는 것을 확인한다.
선생님이 말하는 소리를 찾아보세요. '써.'
어린이는 '싸'부터 차례대로 천천히 소리 내면서 '써' 소리가 나올 때까지 찾는다.
어린이 '싸 써', '써'입니다.

어린이에게 '빠뻐뽀뿌쁘삐빼'를 손가락으로 짚으면서 소리 내게 한다.
차례대로 바르게 글자 하나와 소리 하나씩 대응시키는 것을 확인한다.
선생님이 말하는 소리를 찾아보세요. '뿌.'
어린이는 '빠'부터 차례대로 천천히 소리 내면서 '뿌' 소리가 나올 때까지 찾는다.
어린이 '빠 뻐 뽀 뿌', '뿌'입니다.

어린이에게 '까꺼꼬꾸끄끼깨'를 손가락으로 짚으면서 소리 내게 한다.
차례대로 바르게 글자 하나와 소리 하나씩 대응시키는 것을 확인한다.
선생님이 말하는 소리를 찾아보세요. '꼬.'
어린이는 '까'부터 차례대로 천천히 소리 내면서 '꼬' 소리가 나올 때까지 찾는다.
어린이 '까 꺼 꼬', '꼬'입니다.

어린이에게 '따떠또뚜뜨띠때'를 손가락으로 짚으면서 소리 내게 한다.
차례대로 바르게 글자 하나와 소리 하나씩 대응시키는 것을 확인한다.
선생님이 말하는 소리를 찾아보세요. '때.'
어린이는 '따'부터 차례대로 천천히 소리 내면서 '때' 소리가 나올 때까지 찾는다.
어린이 '따 떠 또 뚜 뜨 띠 때', '때'입니다.

어린이에게 '짜쩌쪼쭈쯔찌쩨'를 손가락으로 짚으면서 소리 내게 한다.
차례대로 바르게 글자 하나와 소리 하나씩 대응시키는 것을 확인한다.
선생님이 말하는 소리를 찾아보세요. '쪼.'
어린이는 '짜'부터 차례대로 천천히 소리 내면서 '쪼' 소리가 나올 때까지 찾는다.
어린이 '짜 쩌 쪼', '쪼'입니다.

◆ 자음 익히기

준비물: 자음 카드 19개, 모음 카드 2개, 구강 그림

활동 1 자음 이름 말하기

ㄴ	ㄷ ㄸ	ㅁ	ㅂ ㅃ	ㅋ	ㄱ ㄲ
ㅅ ㅆ		ㅊ ㅉ		ㅎ	ㅇ	ㄹ

1. 자음 이름 말하기

	ㅌ		ㅍ	ㅋ		ㅊ	ㅎ	
ㄴ	ㄷ	ㅁ	ㅂ	ㄱ	ㅅ	ㅈ	ㅇ	ㄹ
	ㄸ		ㅃ	ㄲ	ㅆ	ㅉ		

2. 숨은 그림 찾기

위의 표와 같이 칠판에 모든 자음을 그리며 이름을 말해 보게 한다.

정해진 순서는 없으나 모든 자음의 이름을 능숙하게 말할 수 있어야 한다. 2차시에 익혔던 자음의 모양처럼 다양하게 그려져 있어도 자음의 이름을 말할 수 있어야 한다.

활동 2 숨은 그림 찾기

그림에서 자음을 찾아 표시하고 이름을 말하는 놀이이다.
정답: 자음 9개(마차, 빠구니, 바구니, 사람, 아기, 타리미, 차전거, 라이터, 가위).
자음 찾기를 더 할 수 있도록 어린이용 간지의 배경에 넣었다. 빨간 점을 아래로 하고 자음을 찾도록 한다.
(어린이용 16, 30, 44, 58, 70쪽 참고)

활동 3 소리(글자) 만들기

'ㄱ'을 책상에 먼저 놓고 모음 'ㅏ'의 위치를 바꾸어 가며 '가 거 고 구'를 소리 낸다.
모음 'ㅣ'를 아래에 놓고 '그', 모음 'ㅣ'를 옆에 놓고 '기' 소리를 낸다.
모음 'ㅏ'와 모음 'ㅣ'를 'ㄱ' 옆에 놓고 '개' 소리를 낸다.
'나너노누느니네' 소리를 내면서 소리(글자)를 만든다.
'ㄴ'을 책상에 먼저 놓고 모음 'ㅏ'의 위치를 바꾸어 가며 '나 너 노 누'를 소리 낸다.
모음 'ㅣ'를 아래에 놓고 '느', 모음 'ㅣ'를 옆에 놓고 '니' 소리를 낸다.
모음 'ㅓ'와 모음 'ㅣ'를 'ㄴ' 옆에 놓고 '네' 소리를 낸다.
19개의 모든 자음 카드를 사용하여 소리(글자)를 만들고 차례대로 소리를 낸다.

2과정 자음 익히기

〈자음 이름 말하기〉 어린이용 28, 29쪽

3. 소리 만들기

4. 노래 부르기

여기까지 어린이는 자음을 보고 닿소리의 시작점을 놓치지 않으며 7개의 소리를 순서대로 말함

29

활동 4 노래 부르기

〈자음 노래〉 가사를 들려주고 따라 부르게 한다. (악보 〈자음 노래〉 참고)

칠판에 자음을 가사의 차례대로 그리거나 붙여 놓고 노래를 익힌다.

1절: ㄱ ㅋ ㄲ

지도자: 가위가 노래해. 가거고구그기개.
어린이: 가위가 노래해. 가거고구그기개.
지도자: 카위가 노래해. 카커코쿠크키캐.
어린이: 카위가 노래해. 카커코쿠크키캐.
지도자: 까위가 노래해. 까꺼꼬꾸끄끼깨.
어린이: 까위가 노래해. 까꺼꼬꾸끄끼깨.
지도자: 자음 노래 재밌다. 함께 부르자.
어린이: 자음 노래 재밌다. 함께 부르자.

2절 ㄷ ㅌ ㄸ/3절 ㅂ ㅍ ㅃ/4절 ㅈ ㅊ ㅉ/5절 ㅁ ㅇ ㅎ/
6절 ㄹ ㅅ ㅆ/7절 ㄴ ㄹ ㅁ

* 주의: 어린이가 자음 카드와 모음 카드를 완벽하게 조합하며 소리를 잘 낸다 하더라도 이 과정에서는 글자를 읽는 것이 아니다. 어린이가 '부'를 만들고 '부' 소리를 낸다고 하여도 지도자는 아이가 글을 읽는다고 생각하지 않고 오로지 소리를 닿소리의 시작점을 놓치지 않고 순서대로 소리를 내는지 살펴보아야 한다.

시간 여유가 있을 때 복모음 지도를 하면 좋다. 복모음 지도 방법의 예(모음카드 2벌 필요)

ㅏ ㅓ ㅗ ㅜ ㅡ ㅣ ㅐ(ㅔ) 의 위치를 익히고 그에 대응되는 소리를 능숙하게 말하면 복모음을 지도할 수 있다. 복모음을 소리낼 때는 모음카드 2벌이 필요하다.

츼 '츠'를 만들어 소리내고 이어 'ㅣ'를 옆에 놓고 천천히 '츠이'한 후 빠르게 '츼'를 소리낸다. '츠이 츼'
궤 '구'를 만들어 소리내고 이어 'ㅔ'를 옆에 놓고 천천히 '구에'한 후 빠르게 '궤'를 소리낸다. '구에 궤'
위 '우'를 만들어 소리내고 이어 'ㅣ'를 옆에 놓고 천천히 '우이'한 후 빠르게 '위'를 소리낸다. '우이 위'

냐 'ㅏ' 모음 카드를 두 개 겹쳐서 'ㅑ'를 만든 후 '냐'를 소리내도 되고 '나냐'를 만들며 소리내도 된다.
벼 'ㅓ' 모음 카드를 두 개 겹쳐서 'ㅕ'를 만든 후 '벼'를 소리내도 되고 '버벼'를 만들며 소리내도 된다.
요 'ㅗ' 모음 카드를 두 개 겹쳐서 'ㅛ'를 만든 후 '요'를 소리내도 되고 '오요'를 만들며 소리내도 된다.
휴 'ㅜ' 모음 카드를 두 개 겹쳐서 'ㅠ'를 만든 후 '휴'를 소리내도 되고 '후휴'를 만들며 소리내도 된다.

◆ 소리 찾기

<소리찾기 도움말>

한글 지도 방법에 대해 많은 지도자들에게 연수를 했다. 대부분 어린이들이 한글 읽기를 성공하지만 잘 안되었다고 하는 지도자의 얘기를 들어 보면 바로 이 '소리찾기'에서 소홀했음을 알 수 있었다. 앞부분까지는 그다지 힘들 것도 없다. 그러나 여기서부터 지도자는 정신을 바짝 차리고 지도해야 한다.

한글을 쉽고 재미있게 가르치기의 핵심은 바로 '소리찾기'이다. 한글을 읽을 수 있도록 지도한다는 말은 소리찾기를 할 수 있도록 지도한다는 말과 같다. 여태까지 자음과 모음을 익힌 것이 바로 소리찾기를 잘하기 위함이었다. 어린이가 소리찾기를 할 때 지도자는 다음 두 가지 상황을 잘 파악해야 한다.

– 아는 글자가 나왔을 때

읽기 초기에 주의할 점이 아는 글자를 읽을 때이다. 자기 이름에 김영'수'라는 글자가 들어가는 어린이는 '세수'를 더 빨리 읽는다. 이때 어린이들이 금방 소리를 내기 때문에 지도자는 방심하기 쉽다. 아는 글자여서 빨리 읽을지라도 사서소수'수'를 하면서 손가락으로 모음을 짚어 가며 읽도록 지도해야 한다.

– 모르는 글자가 나왔을 때

글자를 보고 '이 글자를 어디서 보았더라?' 하면서 그 글자와 관련된 경험을 떠올리지 않게 해야 한다. 그런 모습이 보일 때마다 '소리부터 찾아라'고 말하며 손가락으로 모음을 짚으면서 소리찾기를 하도록 한다. 모르는 글자를 보았을 때 소리찾기를 하지 않는 어린이들의 특징은 이야기를 많이 한다는 것이다. 상담할 때 내담자의 말을 잘 들어 주어야 한다고 하는데 여기에서는 지도자가 어린이의 이야기를 듣고 있으면 안 된다. '네 이야기는 나중에 들어 줄게. 소리찾기부터 하자'고 지도자는 소리찾기로 유도해야 한다. 소리찾기를 능숙하게 하기 전까지는 자습도 시키지 말라고 한 이유도 여기에 있다. 어린이가 혼자 소리찾기를 하는 게 아니라 딴 생각만 하고 있기 때문이다. 또 어린이가 모르는 글자를 소리찾기 할 때는 그 소리가 맞는지 스스로 판단할 수 없다. 지도자가 옆에서 그 소리가 맞다는 것을 확인해 주어야만 한다.

- 어떤 글자는 읽고 어떤 글자는 못 읽는 경우: '나무'의 '무'는 읽는데 '무쇠통'의 '무'는 못 읽음
- 내용을 이해하지 못하는 경우
- 읽는 속도가 느린 경우
- 더듬거리며 읽거나 발음이 정확하지 않은 경우
- 받아쓰기를 어려워하는 경우
- 복잡한 모음이나 겹받침이 있는 글자를 어려워하는 경우

위와 같은 상황들은 읽기 초기에 소리찾기를 제대로 하지 않아서 생기는 것이다. 소리찾기를 능숙하게 하여 손가락으로 모음을 짚지 않고도 소리찾기를 할 때까지 지도자는 어린이의 옆에 붙어 앉아서 지도를 해야 한다. 어린이는 소리찾기 초기에는 자기가 낸 소리가 바르게 낸 것인지 잘못 낸 것인지 판단을 하지 못한다. 이 일을 지도자가 해 주어야 한다.

능숙하게 소리찾기를 한다는 것은 주어진 본문을 5분 이내에 읽는 정도의 속도로 읽는 것을 말한다. 그렇게 될 때까지는 쓰기를 시키거나 숙제를 내주거나 자습을 시키지 않는다. 소리찾기를 제대로 할 수 없는데 쓰기나 숙제, 자습을 내주는 것은 소리찾기를 하는 데 도움이 되지 않는다. 자습을 내줄 상황이면 차라리 놀게 하거나 다른 활동을 시키는 것이 더 낫다.

3과정
소리찾기

5분 이내에 주어진 글을 소리찾기 할 수 있다.

차시	주제	쪽수	
		어린이용	지도자용
	소리찾기 도움말		42
1	토끼 제비	32, 33	44
2	자전거	34, 35	48
3	가위	36, 37	50
4	우리 교실 내 친구	38, 39	52
5	귀뚜라미와 까치	40, 41	54
6	그냥저냥	42, 43	56

◆ 소리 찾기

드디어 소리찾기가 시작되었다. 어린이가 아는 글자가 나와도 다음과 같은 방법으로 소리를 내도록 한다.

〈토 끼〉
지도자: 'ㅌ'가 무엇인가요? (어린이용의 'ㅌ'에 동그라미 한다.)
어린이: 타리미.
지도자: 소리를 찾아봅시다(아래에 있는 모음을 손가락으로 짚으며).
　　　　타 터 토(시범을 보인다).
　　　　소리를 찾았으면 그 소리만 크게 내어 봅시다.
어린이: 타 터 토, 토(토를 더 크게 소리 내도록).

지도자: 'ㄲ'가 무엇인가요? (어린이용의 'ㄲ'에 동그라미 한다.)
어린이: 까위.
지도자: 소리를 찾아봅시다(아래에 있는 모음을 손가락으로 짚으며).
　　　　까 꺼 꼬 꾸 끄 끼(시범을 보인다).
　　　　소리를 찾았으면 그 소리만 크게 내어 봅시다.
어린이: 까 꺼 꼬 꾸 끄 끼, 끼(크게).
지도자: 두 글자의 소리를 다시 내어 봅시다.
　　　　타 터 토. 토(크게), 까 꺼 꼬 꾸 끄 끼. 끼(크게) 따라서 해 보세요. 토 끼(글자를 짚으며 천천히).
어린이: 토 끼(천천히).
지도자: 처음부터 혼자 해 보세요.
어린이: 타 터 토. 토(크게), 까 꺼 꼬 꾸 끄 끼. 끼(크게). 토 끼(글자를 짚으며 천천히).

〈제 비〉
지도자: 'ㅈ'가 무엇인가요? (어린이용의 'ㅈ'에 동그라미 한다.)
어린이: 자전거.
지도자: 소리를 찾아봅시다(아래에 있는 모음을 손가락으로 짚으며).
　　　　자 저 조 주 즈 지 제(시범을 보인다).
　　　　소리를 찾았으면 그 소리만 크게 내어 봅시다.
어린이: 자 저 조 주 즈 지 제. 제(크게).

지도자: 'ㅂ'가 무엇인가요? (어린이용의 'ㅂ'에 동그라미 한다.)
어린이: 바구니.
지도자: 소리를 찾아봅시다(아래에 있는 모음을 손가락으로 짚으며).
　　　　바 버 보 부 브 비(시범을 보인다).
　　　　소리를 찾았으면 그 소리만 크게 내어 봅시다.
어린이: 바 버 보 부 브 비. 비(크게).

지도자: 두 글자의 소리를 다시 내어 봅시다.
　　　　자 저 조 주 즈 지 제. 제(크게), 바 버 보 부 브 비. 비(크게). 따라서 해 보세요. 제 비(글자를 짚으며 천천히).
어린이: 제 비(글자를 짚으며).
지도자: 처음부터 혼자 해 보세요.
어린이: 자 저 조 주 즈 지 제. 제(크게), 바 버 보 부 브 비. 비(크게). 제 비(글자를 짚으며 천천히).

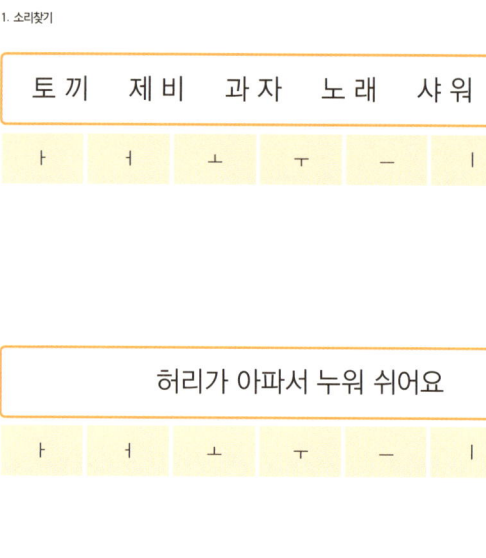

1. 소리찾기

| 토 끼 | 제 비 | 과 자 | 노 래 | 샤 워 | 어 깨 |

| ㅏ | ㅓ | ㅗ | ㅜ | ㅡ | ㅣ | ㅐ(ㅔ) |

허리가 아파서 누워 쉬어요

| ㅏ | ㅓ | ㅗ | ㅜ | ㅡ | ㅣ | ㅐ(ㅔ) |

소리찾기를 하면서 글을 읽었나요? (지도자 확인)

32

3과정 소리 찾기

〈토끼 제비〉 어린이용 32, 33쪽

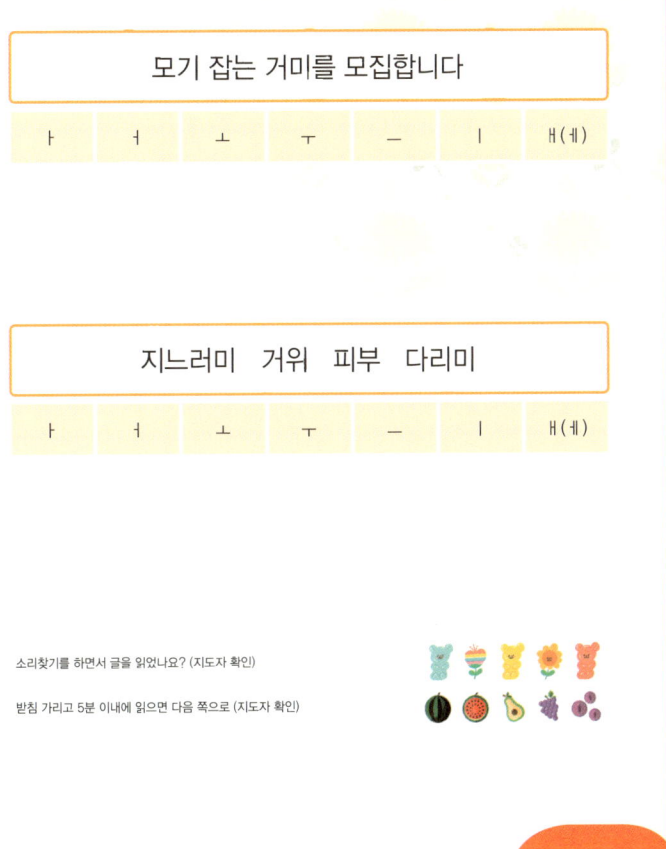

〈과 자〉
지도자: 'ㄱ'가 무엇인가요? (어린이용의 'ㄱ'에 동그라미 한다.)
어린이: 가위.
지도자: 소리를 찾아봅시다(아래에 있는 모음을 손가락으로 짚으며).
가 거 고. 고('고'를 동그라미로 그리며).
먼저 '고' 소리를 낸 다음 'ㅏ' 소리를 이어서 냅니다.
고아. 고아를 붙여서 소리 냅니다. 고아 과.
어린이: 가 거 고. 고(크게). 고아 과.

지도자: 'ㅈ'가 무엇인가요? (어린이용의 'ㅈ'에 동그라미 한다.)
어린이: 자전거.
지도자: 소리를 찾아봅시다(아래에 있는 모음을 손가락으로 짚으며).
자(시범을 보인다).
소리를 찾았으면 그 소리만 크게 내어 봅시다.
어린이: 자. 자(크게).

지도자: 두 글자의 소리를 다시 내어 봅시다.
가 거 고. 고(크게). 고아 과, 자 자. (크게) 따라서 해 보세요. 고아 과, 자(글자를 짚으며 천천히).
어린이: 고아 과, 자(글자를 짚으며).

지도자: 처음부터 혼자 해 보세요.
어린이: 가거고. 고(크게) 고아 과, 자 자(크게). 고아 과, 자(글자를 짚으며 천천히).

〈노 래〉
지도자: 'ㄴ'가 무엇인가요?
어린이: 나.
지도자: 혼자 소리를 찾아보세요.
어린이: 나 너 노, 노(아래 모음을 짚으며).
지도자: ('래'를 동그라미 하며) 이 글자의 소리를 찾아보세요.
어린이: 라 러 로 루 르 리 래, 래.
지도자: 두 글자의 소리를 내어 보세요.
어린이: 노 래.

〈샤 워〉 (복모음 지도 방법 참고)
지도자: ('사' 부분을 동그라미 하며) 이 소리를 찾아보세요.
어린이: (아래 모음을 짚으며) 사, 사.
지도자: ('샤'를 동그라미 하며) 이 소리는 '샤'입니다. 사 샤.
어린이: 사 샤.
지도자: ('우' 부분을 동그라미 하며) 이 소리를 찾아보세요.
어린이: (아래 모음을 짚으며) 아 어 오 우, 우.
지도자: 먼저 '우' 소리를 낸 다음 'ㅓ'를 이어서 소리 냅니다. 우 어, 우어, 워.
어린이: 아 어 오 우, 우어, 워.
지도자: 두 글자의 소리를 내어 보세요.
어린이: 사 샤, 아어오우 우어, 워. 샤워.

◆ 소리 찾기

〈어 깨〉

지도자: ('어' 부분을 동그라미 하며) 이 소리를 찾아보세요.
어린이: (아래 모음을 짚으며) 아 어, 어.
지도자: ('깨'를 동그라미 하며) 이 소리를 찾아보세요.
어린이: 까 꺼 꼬 꾸 끄 끼 깨, 깨.
지도자: 두 글자의 소리를 내어 보세요.
어린이: 아어, 어. 까꺼꼬꾸끄끼깨, 깨. 어 깨.

〈허리가 아파서 누워 쉬어요〉

어린이: 하허 허, 라러로루르리 리, 가, 허리가.
어린이: 아, 파, 사서 서, 아파서.
어린이: 나너노누 누, 아어오우 우ㅓ 워, 누워.
어린이: 사서소수 수ㅣ 쉬, 아어 어, 아어오 오 요. 쉬어요.

〈모기 잡는 거미를 모집합니다〉

받침이 있는 글자는 받침을 가리고 소리 내도록 한다.
초성과 중성 부분만 동그라미 해 주고 소리를 찾도록 한다. 특히 '느, 르, 지, 니' 글자는 소리를 바르게 찾는지 살펴본다.

어린이: 마머모 모, 가거고구그기 기, 자, 나너노누느 느, 모기자느.
어린이: 가거 거, 마머모무므미 미, 라러로루르 르, 거미르.
어린이: 마머모 모, 자저조주즈지 지, 하, 나너노누느니 니, 다 모지하니다.

'모기자느 거미르 모지하니다'라고 읽어도 된다. 받침을 제외한 글자를 소리찾기 하는 것이 중요하다. 어린이가 능숙하게 읽을 수 있을 때 지도자는 받침소리까지 포함해서 들려주어도 된다.

〈지느러미, 거위, 피부, 다리미〉

어린이: 자저조즈즈지 지, 나너노누느 느, 라러 러, 마머모무므미 미, 지느러미.
어린이: 가거 거, 아어오우 우ㅣ 위, 거위.
어린이: 파퍼포푸프피 피, 바버보부 부, 피부.
어린이: 다, 라러로루르리 리, 마머모무므미 미, 다리미.

〈토끼 제비〉 어린이용 32, 33쪽

– 'ㅡ'와 'ㅣ'가 있는 소리를 어려워한다. 항상 모음을 보면서 차례대로 짚어 가며 소리를 찾도록 해야 한다. 소리도 어렵지만 은, 는, 이, 를, 을 등의 글자는 자주 나오기 때문에 익숙하게 소리찾기를 해야 한다.

– 'ㅔ'를 'ㅓ'로 찾아 소리 내는 것은 소리찾기를 잘못하는 것이다. '페'를 '퍼이'라고 소리 내는 경우가 있는데 'ㅓ'가 먼저 나오고 'ㅔ'가 맨 뒤에 있어서 그럴 것이다. 맨 뒤에 'ㅔ'가 있음을 알고 소리를 찾도록 해야 한다.

– 'ㅑ ㅕ ㅛ ㅠ'는 'ㅏ ㅓ ㅗ ㅜ'로 소리 내도 되고, 오 요처럼 그 소리만 가르쳐도 된다.

– 대개 'ㅏ, ㅓ, ㅗ, ㅜ'까지는 소리와 기호를 빨리 연결하나 'ㅡ, ㅣ'는 다소 시간이 걸린다. 이를 해결하는 방법은 차례대로 소리를 내는 것을 많이 연습하는 것이다.

– 익숙해지면 손가락으로 모음을 짚지 않고도 마음속으로 소리를 순서대로 떠올려 글을 읽을 수 있다.

– 의미를 모르더라도 낱말 단위로 읽는 습관이 들도록 지도한다. 낱말의 뜻을 지도하지 않고 어린이가 묻더라도 그런 것이 있다는 정도만 응답하고 소리찾기를 하도록 안내한다.

– 아는 글자이거나 모르는 글자이거나 반드시 소리찾기를 해서 읽도록 한다.

– 어린이가 빨리 읽었다고 방심하지 말아야 한다. 소리찾기를 하지 않고 빨리 읽는 것은 의미 없는 것이다.

– 지도자가 확인해 줄 때 젤리 모양을 적절하게 활용할 수 있다. 소리찾기를 잘 하였을 때는 젤리 5개에 ○를 한다든지 주고 싶은 젤리의 수만큼 ○를 하면서 학습 의욕을 북돋울 수 있다.

◆ 소리 찾기

〈소리찾기 지도 방법〉

　자음의 이름을 알고 모음을 순서대로 말할 수 있다면 소리찾기는 저절로 된다. 소리찾기가 저절로 되고 있는지 살펴보는 것이 지도자의 할 일이다. 아는 글자라고 해서 소리찾기를 하지 않는다든지 모르는 글자를 보았을 때 관련 경험을 먼저 떠올린다든지 하는 일이 없도록 해야 한다. 여기서 '저절로 된다'는 말은 손가락으로 모음을 짚지 않고도 소리찾기를 하는 것이다.

1. 받침은 가리고 글자를 보도록 한다. 나중에 받침 지도할 때 자세히 설명하겠지만 받침은 소리를 내는 데 필요한 기호가 아니다. 소리찾기에서 받침은 필요 없기 때문에 초성과 중성 부분만 동그라미를 해 주거나 받침은 가리고 소리찾기를 지도한다. ('산'에서 '사' 부분만 보게 한다.)

2. 소리찾기를 하면서 글을 읽을 때에는 낱말 단위로 읽도록 지도한다. 〈손으로〉를 읽을 때 '으'나 '로'를 빨리 찾지 못하거나 틀리면 첫 글자 '소'부터 다시 읽도록 한다.

3. 어린이가 5분 이내에 낱말을 구분하며 읽을 때까지는 몇 번이고 지도자는 어린이를 직접 지도해야 한다. 쓰기를 시키거나 어린이 혼자 연습하게 하거나 숙제로 읽어 오게 하지 않는다.

4. 소리찾기가 익숙해질 때까지 어린이가 묻지 않는 이상 글의 내용이나 낱말의 뜻을 지도하지 않는다. 묻는다 할지라도 간단하게 그런 것이 있다는 정도만 응답한다.

〈소리찾기를 하다가 틀릴 때 – 굴려요〉 (복모음 지도 방법 참고)

어린이: 가거고구 구, 라러로 로, 아어오 오(아래 모음을 손가락으로 짚으며).
지도자: 이 글자를 다시 찾아보세요('러'를 동그라미 하며).
어린이: 라러 러(아래 모음을 손가락으로 짚어 가며).
지도자: 이 글자부터 다시 읽어 보세요('구'를 동그라미 하며).
어린이: 가거고구 구, 라러 러, 아어오 우(아래 모음을 손가락으로 짚어 가며).
지도자: 이 글자를 다시 찾아보세요('오'를 가리키며).
어린이: 아어오 오(아래 모음을 손가락으로 짚어 가며).
지도자: 이 글자부터 다시 읽어 보세요('구'를 가리키며).
어린이: 가거고구 구, 라러 러, 아어오 오.
어린이: 구, 러, 오(글자를 짚으며).
지도자: 소리찾기에 익숙해지면 〈굴려요〉 모범 소리를 들려주고 따라하게 한다.

---

1. 소리찾기

자전거

우리 동생 자전거 참 잘 타요
두 손으로 손잡이를 꼭 잡고

| ㅏ | ㅓ | ㅗ | ㅜ | ㅡ | ㅣ | ㅐ(ㅔ) |

34

3과정 소리 찾기

〈자전거〉 어린이용 34, 35쪽

두 발로 페달을 힘차게 굴려요

자전거가 나갑니다 따릉따릉

ㅏ　ㅓ　ㅗ　ㅜ　ㅡ　ㅣ　ㅐ(ㅔ)

소리찾기를 하면서 글을 읽었나요? (지도자 확인)

받침 가리고 5분 이내에 읽으면 다음 쪽으로 (지도자 확인)

35

〈자전거〉 자 자, 자저 저(저 부분만 동그라미 하며, 이하 생략), 가거 거, 자 저 거(자 전 거).

아어오우 우, 라러로루르리 리, 우 리. 다더도 도, 사서소수스시새 새, 도 새(동 생).

자 자, 자저 저, 가거 거, 자 저 거(자 전 거).

차 차(참). 자(잘). 타 아어오 오(요). 타 오(타 요).

다더도두 두, 사서소 소(손), 아어오우으 으, 라러로 로. 두 소 으 로(두 손 으 로).

다더도두 두, 바 바(발), 라러로 로, 바 로(발 로).

파퍼포푸프피페 페, 다 다(달), 아어오우으 으(을). 페 다 으(페 달 을).

하허호후흐히 히(힘), 차 차, 가거고구그기게 게. 히 차 게(힘 차 게).

가거고구 구(굴), 라러 러(려), 아어오 오(요). 구 러 오(굴 려 요).

자 자, 자저 저(전), 가거 거, 가. 자 저 거 가(자 전 거 가).

나 나, 가 가(갑), 나너노누느니 니, 다. 나 가 니 다(나 갑 니 다).

따 따, 라러로루르 르(릉), 따, 라러로르르 르(릉). 따 르 따 르 (따 릉 따 릉).

소리찾기를 틀리지 않고 5분 이내에 할 수 있을 때 '오 → 요', '러 → 려'를 지도한다. (복모음 지도 방법 참고)
소리찾기를 틀리지 않고 5분 이내에 할 수 있을 때 받침소리를 들려주며 반복한다.

소리찾기를 하면서 글을 읽는지 한 명 한 명 개별적으로 확인을 하고 사인을 하거나 도장을 찍어 준다. 초시계로 시간을 재고 5분 이내에 소리찾기를 하면 다음으로 넘어갈 수 있다. 지도자가 사인을 해도 되고 읽은 시간 중 가장 짧은 시간을 써 주어도 된다.

소리찾기를 5분 이내에 할 수 있을 때까지는 어린이 혼자 연습을 시키지 않는다. 숙제를 내주거나 쓰기도 시키지 않는다. 소리찾기를 제대로 할 수 없는데 쓰기나 숙제, 자습을 내주는 것은 소리찾기를 하는 데 도움이 되지 않는다. 자습을 내줄 상황이면 차라리 놀게 하거나 그림을 그리게 하는 활동을 시키는 것이 더 낫다.

※ 악보 〈자전거〉 참고

◆ 소리 찾기

1. 소리찾기

가위

조그만 그 손으로
가위질을 해 봐요

손잡이를 오므리면
가위 날도 붙고

손잡이를 벌리면
가위 날도 벌어지네

조심조심
손가락을 움직이면서

싹둑싹둑
가위 날을 잘 보세요

ㄱ

| ㅏ | ㅓ | ㅗ | ㅜ | ㅡ | ㅣ | ㅐ(ㅔ) |

| ㅏ | ㅓ | ㅗ | ㅜ | ㅡ | ㅣ | ㅐ(ㅔ) |

소리찾기를 하면서 글을 읽었나요? (지도자 확인)

받침 가리고 5분 이내에 읽으면 다음 쪽으로 (지도자 확인)

〈소리찾기를 하다가 틀릴 때 – 손으로〉

어린이: 사서소 소, 아어오우으 이, 라러로 로(아래 모음을 손가락으로 짚으며).
지도자: 이 글자를 다시 찾아보세요('으'를 동그라미 하며).
어린이: 아어오우으 으(아래 모음을 손가락으로 짚어 가며).
지도자: 이 글자부터 다시 읽어 보세요('소'를 동그라미 하며).
어린이: 사서소 소, 아어오우으 으, 라러로 리(아래 모음을 손가락으로 짚어 가며).
지도자: 이 글자를 다시 찾아보세요('로'를 가리키며).
어린이: 라러로 로(아래 모음을 손가락으로 짚어 가며).
지도자: 이 글자부터 다시 읽어 보세요('소'를 가리키며).
어린이: 사서소 소, 아어오우으 으, 라러로 로.
어린이: 소, 으, 로(글자를 짚으며).

〈가위〉

조그마 그 소으로 가우이지으 해 보아오.

소자이르 오므리머 가우이 나도 부고.

소자이르 버리머 가우이 나도 버어지네.

조시조시 소가라으 우지이머서.

싸두싸두 가우이 나으 자 보세오.

소리찾기를 틀리지 않고 5분 이내에 할 수 있을 때 '오 → 요', '머 → 며'를 지도한다.

소리찾기를 틀리지 않고 5분 이내에 할 수 있을 때 받침소리를 들려주며 반복한다.

<가위> 어린이용 36, 37쪽

소리찾기를 하면서 글을 읽는지 한 명 한 명 개별적으로 확인을 하고 사인을 하거나 도장을 찍어 준다. 초시계로 시간을 재고 5분 이내에 소리찾기를 하면 다음으로 넘어갈 수 있다. 지도자가 사인을 해도 되고 읽은 시간 중 가장 짧은 시간을 써 주어도 된다.

소리찾기를 5분 이내에 할 수 있을 때까지는 어린이 혼자 연습을 시키지 않는다. 숙제를 내주거나 쓰기도 시키지 않는다. 소리찾기를 제대로 할 수 없는데 쓰기나 숙제, 자습을 내 주는 것은 소리찾기를 하는 데 도움이 되지 않는다. 자습을 내줄 상황이면 차라리 놀게 하거나 그림을 그리게 하는 활동을 시키는 것이 더 낫다.

※ 악보 <가위> 참고

지도 후기 1

<자음 지도 자료를 만들게 된 계기>

항상 그렇듯 1학년에 들어오는 아이들 중 7-8명은 한글을 읽지 못하는 아이들이 있었다. 3월부터 열심히 지도하여 7월쯤 되면 한글을 거의 읽게 되고 여름 방학을 맞이한다. 그해도 1학년을 맡아서 지도하고 있었는데 2학기 9월에 윤호(가명)가 시골에서 전학을 왔다. 한글을 읽지 못한 채로. 어머니의 말로는, 이전 학교에서는 특수반에 들어가야 한다는 얘기를 들었다고 했다.

오후에 남겨서 평소 하던 대로 '기역, 니은'을 하고 쉬운 글자부터 읽히면서 한글읽기를 시도했는데 다른 아이들보다 더디고 따라오질 못했다. 어제 읽었던 글자를 오늘은 못 읽고, 어제 썼던 쉬운 글자도 다른 데서 보면 틀렸다. 다른 아이들도 가르쳐야 하는데 내 입술도 부르트고 침이 말랐다. 복슬 강아지같이 포동포동하고 귀여운 윤호의 얼굴에 점점 그늘이 지면서 말수도 줄어들고 가르치는 나도 힘이 들었다. 윤호는 특히 자음 모양을 잘 구별하지 못했다. 'ㅅ'과 'ㅈ', 'ㄱ'과 'ㄴ'이 있는 글자들을 혼동했다.

'어떻게 윤호가 자음을 헷갈리지 않도록 지도할까?'
자음이 헷갈리지 않게 지도하는 방법을 찾아야겠다 생각하고 여러 가지 방법을 고민하였다. 가위질을 하다가 가위의 날이 'ㄱ'처럼 생긴 것이 보였다. '가위'에서 '가' 소리도 이용할 수 있을 것 같았다. 이런 말들이 또 있을까? 자전거도 있네. 첫소리에 'ㅏ'가 들어가고 자음을 형상화할 수 있는 말들을 찾아보자. 나는 마치 발명이라도 한 듯 신이 났다.
'<ㅂ>을 지도할 때 바구니와 바나나 중에 어떤 말이 더 좋을까? 바나나가 말하기는 더 쉬운데 중간에 <나>가 들어 있어서 첫 글자 <바>와 혼동할 지도 몰라.'
'<ㅅ>은 <사다리> 말도 좋은데 중간에 <다>가 있어서 첫소리 <사>와 헷갈리겠다.'
두세 음절의 적당한 낱말을 찾으며 형태를 떠올려 보았다. <사람>은 <ㅏ>로 시작하고 두 음절인데 <ㅅ>의 형태가 얼른 그려지지 않았다. 고민 끝에 다리 부분을 조금 길게 그려서 <ㅅ>을 형상화했다. 그렇게 해서 찾은 말들이 <가위, 나, 다리미, 라이터, 마차, 바구니, 사람, 아기, 자전거>이다.
이 자료를 사용하여 윤호를 처음부터 다시 지도했다. 그렇게 틀리던 글자를 쉽게 구별하며 공부 시간에 즐겁게 참여했다. 윤호는 얼마 지나지 않아 한글을 읽게 되었고 눈빛이 반짝이며 활기찬 모습으로 학교생활을 하게 되었다. 특수반에 보내야 하나를 걱정했던 엄마도 아이가 글을 읽으니 얼마나 좋아했겠는가? 그때가 1990년쯤이라 생각된다.

◆ 소리 찾기

<우리 교실 내 친구>는 어린이용 38쪽에서는 제시된 글을 읽고 39쪽은 학급이 있다면 해당 학급의 명단을 붙여서 소리찾기를 한다.

이름에는 의외로 복모음이 들어간 글자가 많다. 희, 환, 원, 완, 권, 최, 휘, 혜, 현, 윤, 별 등의 글자를 읽을 때는 복모음 소리내는 방법을 좀 더 익혀야 한다. '최'를 단모음 '죄'로 읽지 않고 '초이 최'로 읽는 습관을 들여야 글자를 쓸 때에 틀리지 않는다.

복모음 지도 방법의 예

희 '흐'를 만들어 소리내고 이어 'ㅣ'를 옆에 놓고
천천히 '흐이'한 후 빠르게 '희'를 소리낸다. '흐이 희'

환 '호'를 만들어 소리내고 이어 'ㅏ'를 옆에 놓고
천천히 '호아'한 후 빠르게 '화'를 소리낸다. '호아 화'

권 '구'를 만들어 소리내고 이어 'ㅓ'를 옆에 놓고
천천히 '구어'한 후 빠르게 '궈'를 소리낸다. '구어 궈'

휘 '후'를 만들어 소리내고 이어 'ㅣ'를 옆에 놓고
천천히 '후이'한 후 빠르게 '휘'를 소리낸다. '후이 휘'

혜 'ㅔ' 모음 카드에 'ㅓ' 모음 카드를 붙여서 헤 혜를 소리낸다.
현 'ㅓ' 모음 카드를 두 개 겹쳐서 'ㅕ'를 만든 후 '혀'를 소리낸다.
윤 'ㅜ' 모음 카드를 두 개 겹쳐서 'ㅠ'를 만든 후 '유'를 소리낸다.

1. 소리찾기

우리 교실 내 친구

양재희 선생님

김환희	김서원	서아영	다미안	박진주	윤찬
최현모	문새별	김도욱	강성휘	이민석	채정은
홍정우	이인용	정마리아	고대훈	장현철	임희준
김혜란	권창수	성근호	장빛나	남궁혁	여동길

ㅏ ㅓ ㅗ ㅜ ㅡ ㅣ ㅐ(ㅔ)

38

3과정 소리 찾기

〈우리 교실 내 친구〉 어린이용 38, 39쪽

우리 교실 내 친구

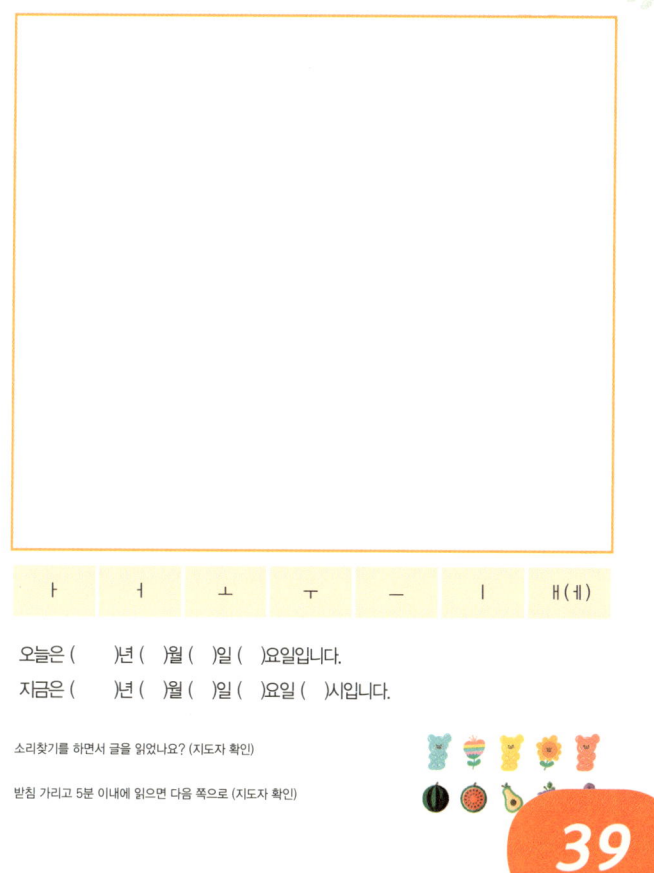

39

오늘은 ____년 __월 __일 _요일입니다.
지금은 ____년 __월 __일 _요일 __교시입니다.

오늘은 2019년 3월 14일 목요일입니다.
지금은 2019년 3월 14일 목요일 10시입니다.
지금은 2019년 3월 14일 목요일 2교시입니다.
이런 식으로 써 주고 숫자 부분은 알려 주고 지도자의 소리를 따라 하도록 한다. 날짜나 시간에 대해 설명하지 않고 오로지 소리찾기만 한다.
〈오늘, 지금〉 같이 시간을 나타내는 말은 항상 사람과 함께 하지만 이것을 설명하기는 참 애매하다. 인간의 존재와 시간은 뗄 수 없는 개념이지만 입문기의 아동에게 이를 설명하는 것은 설명하는 그 자체가 어렵다. 〈있다-존재〉의 관점에서 보면 시간처럼 중요한 개념은 없기에 매일 반복해 말하면서 시간에 대한 개념을 어린이 스스로 형성할 수 있기를 바라면서 이 구문을 넣었다. 매 차시 〈오늘, 지금〉에 대해 말을 사용해 보도록 구성하였다. 여기서는 날짜나 시간에 대한 공부를 하는 것은 아니므로 어린이의 질문이 있을 때는 적절히 응답해 주고 오로지 소리찾기를 하도록 지도한다.

어린이: 오느으.
지도자: 이천십구(말로 들려준다).
어린이: 너.
지도자: 삼.

어린이: 우어 워.
지도자: 십사.
어린이: 이.
어린이: 모오이이니다.

◆ 소리 찾기

된소리가 있는 낱말들로 구성하였다.

어린이: 가거고구 구ㅣ, 따떠또뚜 뚜, 라, 마머모무므미 미, 아어오 오ㅏ, 귀뚜라미와.
어린이: 까 차처초추츠치 치, 까치.
어린이: 마머모무므미 미, 까꺼꼬꾸 꾸, 라, 자저조주즈지 지, 아어오 오ㅏ, 미꾸라지와.
어린이: 싸써쏘 쏘, 가, 라러로루르리 리, 쏘가리.
어린이: 아, 자저 저, 싸써쏘쑤쓰씨 씨, 아어오우으 으ㅣ, 아저씨의.
어린이: 싸, 마머모무므미매 매, 썰매.

소리찾기를 하면서 글을 읽을 때에는 낱말 단위로 읽도록 지도한다. 〈아저씨의〉를 읽을 때 '씨'나 '의'를 빨리 찾지 못하거나 틀리면 첫 글자 '아'부터 다시 읽도록 한다.

어린이가 5분 이내에 낱말을 구분하며 읽을 때까지는 몇 번이고 지도자는 어린이를 직접 지도해야 한다. 쓰기를 시키거나 어린이 혼자 연습하게 하거나 숙제로 읽어 오게 하지 않는다.

소리찾기가 익숙해질 때까지는 어린이가 묻지 않으면 글의 내용이나 낱말의 뜻을 따로 지도하지 않는다. 오로지 소리찾기로 읽는지만 확인한다.

소리찾기를 하면서 읽는 것은 글자를 정확한 소리가 아니기 때문에 확인이 끝난 후에는 지도자의 모범 소리를 들려주는 것이 좋다. 모범 소리를 들려줄 때에는 학급 전체 어린이가 따라 하게 해도 된다.

확인이 끝나고 낱말 단위로 듣고 따라서 읽는다.

지도자: 귀뚜라미와.
어린이: 귀뚜라미와(한 글자씩 손가락으로 짚으며).
지도자: 까치.
어린이: 까치(한 글자씩 손가락으로 짚으며).

소리찾기를 하면서 글을 읽는지 한 명 한 명 개별적으로 확인을 하고 사인을 하거나 도장을 찍어 준다. 초시계로 시간을 재고 5분 이내에 소리찾기를 하면 다음으로 넘어갈 수 있다. 지도자가 사인을 해도 되고 읽은 시간 중 가장 짧은 시간을 써 주어도 된다.

지도 후기 2

〈소리만 낼 수 있다면 다 가르친다〉

'이 방법으로 한글을 못 가르칠 아이는 없다'는 생각이 들었을 때 나는 어느 정도의 아이까지 가르칠 수 있는지 알아보고 싶었다. 당시 근무했던 학교는 면 소재지 학교였는데 5km 이내에 시각장애인 수용 시설 학교와 청각장애 학교가 있었다. 그중 시각장애인 수용 시설에는 특수학급 2학급이 분교 형태로 운영되었는데 특수학급 담임교사와 서로 교류가 있어서 그곳의 상황을 잘 알게 되었다. 어린이들 대부분이 중증 장애를 가지고 있어 학습이 되지 않는 아이들이 많았다.

아마 봄에서 여름으로 들어가던 때였던 것 같다. 그 특수학급 교실의 담임교사를 만나러 들어갔을 때 여러 명의 아이들이 뭔가를 하는지, 왔다 갔다 하고 있었다.

잠시 담임교사와 이야기를 하고 있는데 한 아이가 헝겊 보자기를 들고 복도 쪽으로 나가는 것이 보였다.

"환△야, 그건 안 돼, 선생님이 먹을 점심인데 가져가면 어떡하니?"

담임교사는 그 아이를 쫓아가서 도시락을 겨우 찾아 냉장고에 넣었다.

환△는 그렇게 만난 아이다. 그 당시 5학년이었는데 유치원 5-6세 정도의 작은 몸집에 말도 제대로 하지 못하는 지적장애 1급에 다운증후군이 있는 아이였다.

도시락이 먹고 싶어서 냉장고에 있는 것을 꺼내 선생님이 안보는 틈을 타 도시락을 까먹으려고 꾀를 부리는 아이라면 가르칠 수 있을 것 같은 생각이 들었다.

환△는 말도 못하고 급하게 알리고자 할 때는 '아~ 우우~' 하는 소리와 함께 손짓, 몸짓을 섞어 가며 표현했다. 시설에는 성인들이 있기는 하지만 언어적인 대화 상대가 되지 못했고 환△처럼 말을 못하는 아이들이 많았다. 말을 해도 무슨 말을 했는지 통역이 필요했는데 희한하게 친구인 강민재(가명)라는 말은 정확하게 소리가 났다.

환△에게 한글을 지도한 기간은 약 6개월이다. 가을 무렵부터 날마다 퇴근 시간에 들러서 환△를 가르쳤다. 〈ㅏ, ㅓ, ㅗ, ㅜ, ㅡ, ㅣ, ㅐ〉 7개의 모음을 생각해 낸 것도 환희 때문이었다. (아니 이제는 덕분이라고 해야 하나?) 언어 능력이 없다 싶은 아이에게 가르칠 것을 최소화시켜야 했으니까 〈ㅏ, ㅑ, ㅓ, ㅕ, ㅗ, ㅛ, ㅜ, ㅠ, ㅡ, ㅣ〉 대신 간단한 7개의 모음을 익히도록 했다. 처음에는 〈ㅏ〉 한 음절을 따라 하게 하고 다음에는 〈ㅏ ㅓ〉 두 음절을 따라 하게 했다. 두 음절을 따라 하지 못할까봐 마음 졸이고, 〈ㅏ ㅓ ㅗ ㅜ〉 네 음절을 한꺼번에 하지 못할까봐 애태우던 시간들을 넘어서 환△는 7개의 모음 소리를 차례대로 할 수 있게 되었다. 조금만 힘들면 입술이 새파랗게 질리고 걸음도 자유롭지 못한 아이의 손을 잡고 복도를 걸어 다니면서 소리를 들려주었다. 다리가 아프다고 하면 업고 다니면서 등 뒤로 소리를 들려주던 날들, 쏟은 사랑에 보답이라도 하는 듯 환△도 열심히 배웠.

관리하는 분이 아침에 들어가 보니 아이들이 베개 7개를 줄줄이 놓고 그 위를 넘어 다니며 〈ㅏ, ㅓ, ㅗ, ㅜ, ㅡ, ㅣ, ㅐ〉를 하더라는 말을 들었을 때의 기분은 지금 생각해도 진한 감동이 밀려온다. 어렸을 때 시설에 들어왔는데 얼굴이 하얗다고 지어진 이름 환△. 환△는 그렇게 6개월을 지도해서 한글을 읽게 되었다.

◆ 소리 찾기

복잡한 모음이 있는 낱말로 구성하였다. 모음표에 있는 모음을 순서대로 짚어 가며 소리 내도록 한다.

지도자: 나.
어린이: 나냐너녀노뇨누뉴느니내(손가락으로 모음을 짚으며).
지도자: 라.
어린이: 라랴러려로료루류르리래(손가락으로 모음을 짚으며).
지도자: 마.
어린이: 마먀머며모묘무뮤므미매(손가락으로 모음을 짚으며).

지도자: 가 카 까 다 타 타 바 파 빠 아 하 사 싸 자 차 짜 등의 소리로 연습을 시킨 후 소리를 찾게 한다.

복모음 지도 방법의 예(모음카드 2벌 필요)

ㅏ ㅓ ㅗ ㅜ ㅡ ㅣ ㅐ(ㅔ) 의 위치를 익히고 그에 대응되는 소리를 능숙하게 말하면 복모음을 지도할 수 있다. 복모음을 소리낼 때는 모음카드 2벌이 필요하다.

츼 '츠'를 만들어 소리내고 이어 'ㅣ'를 옆에 놓고 천천히 '츠이' 한 후 빠르게 '츼'를 소리낸다. '츠이 츼'
궤 '구'를 만들어 소리내고 이어 'ㅔ'를 옆에 놓고 천천히 '구에' 한 후 빠르게 '궤'를 소리낸다. '구에 궤'
위 '우'를 만들어 소리내고 이어 'ㅣ'를 옆에 놓고 천천히 '우이'한 후 빠르게 '위'를 소리낸다. '우이 위'

냐 'ㅏ'모음 카드를 두 개 겹쳐서 'ㅑ'를 만든 후 '냐'를 소리내도 되고 '나냐'를 만들며 소리내도 된다.
벼 'ㅓ'모음 카드를 두 개 겹쳐서 'ㅕ'를 만든 후 '벼'를 소리내도 되고 '버벼'를 만들며 소리내도 된다.
요 'ㅗ'모음 카드를 두 개 겹쳐서 'ㅛ'를 만든 후 '요'를 소리내도 되고 '오요'를 만들며 소리내도 된다.
휴 'ㅜ'모음 카드를 두 개 겹쳐서 'ㅠ'를 만든 후 '휴'를 소리내도 되고 '후휴'를 만들며 소리내도 된다.

〈그냥저냥 소리찾기〉

어린이: 가거고구그 그, 나냐 그냐, 자저 저, 나냐 저냐, 그 냐 저 냐.

〈요술 소리찾기〉

어린이: 아야어여오요 요, 사서소수 수, 요 수.

〈양탄자 소리찾기〉

어린이: 아야 야, 타, 자, 야 타 자.

그냥저냥

요술 양탄자
야구공이 유리창을 향했다.
그 녀석이 오기만을 벼르고 있다.
규율을 지키면 완벽한 끝내기
얼룩무늬 셔츠를 입은 의사

| ㅏ | ㅕ | ㅛ | ㅠ | ㅡ | ㅣ | ㅐ(ㅔ) |

42

⟨갸날픈 소리찾기⟩
어린이: 가갸 갸, 나, 파퍼포프프 프, 갸 나 프.

⟨겨드랑이 소리찾기⟩
어린이: 가갸거겨 겨, 다더도드드 드, 라, 아어오우으이 이, 겨 드 라 이.

소리찾기를 하다가 틀리면 낱말 단위로 다시 읽는다. ⟨그냥저냥⟩을 읽을 때 ⟨저⟩에서 소리찾기를 틀렸을 때에는 ⟨그⟩부터 소리찾기를 다시 한다.

⟨연필의⟩를 읽을 때 ⟨여⟩ 소리를 찾지 못할지라도 반드시 ⟨어⟩ 소리는 낼 수 있도록 해야 한다.

어린이가 모르는 글자를 소리찾기 할 때는 그 소리가 맞는지 스스로 판단할 수 없다. 누군가 옆에서 그 소리가 맞다는 것을 확인해 주어야만 한다. 소리찾기 할 때 자습을 시키지 말라고 하는 이유이다. 학습을 먼저 끝내거나 기다리는 어린이는 차라리 눈을 쉬게 하거나 다른 활동을 시키는 것이 낫다.

소리찾기를 잘하는지 한 명씩 개별적으로 확인을 한다. 손가락으로 짚지 않고도 소리를 찾으면 점차 글을 읽는 속도가 빨라진다. 소리찾기를 하면서 읽는 것은 글자의 정확한 소리가 아니기 때문에 확인이 끝난 후에는 지도자의 모범 소리를 들려주는 것이 좋다. 모범 소리를 들려줄 때에는 학급 전체 어린이가 따라 하게 해도 된다.

※ 낱말 카드 활용

시중에는 한글 지도용 낱말 그림 카드가 많이 있다. 한 면에 낱말과 그림이 같이 있는 것도 있고 따로 있는 것도 있다. 소리찾기 과정을 어느 정도 할 수 있을 때 낱말 카드를 활용할 수 있는데 낱말과 그림이 따로 있는 카드로 지도하는 것이 좋다. 낱말과 그림이 한 면에 있는 카드는 어린이가 그림을 먼저 보기 때문에 소리찾기 하는 데 도움이 되지 않는다. 한 면에 글자가 있고 다른 면에 그림이 있는 낱말 카드를 활용하는 것이 좋다.

4-1과정

소리찾기와 받침 익히기 1

5분 이내에 주어진 글을 읽을 수 있다.

차시	주제	소리찾기	받침 지도 1	어린이용 쪽수	지도자용 쪽수
	받침 지도 도움말		· 받침 지도 도움말		60
1	아가	○	· 눈으로 받침 구별하기	46, 47	62
2	우리 학교	○	· 받침이 있는 소리 구별하기(귀) · 'ㄱ' 받침소리 익히기(입) · 'ㄱ' 받침이 있는 소리 구별하기	48, 49	64
3	우리나라	○	· 받침이 있는 소리 구별하기(귀) · 'ㅁ' 받침소리 익히기(입) · 'ㅁ' 받침이 있는 소리 구별하기	50, 51	68
4	나	○	· 받침이 있는 소리 구별하기(귀) · 'ㄴ' 받침소리 익히기(입) · 'ㄴ' 받침이 있는 소리 구별하기	52, 53	70
5	속담 1	○	· 받침이 있는 소리 구별하기(귀) · 'ㄹ' 받침소리 익히기(입) · 'ㄹ' 받침이 있는 소리 구별하기	54, 55	74
6	아기	○	· 받침이 있는 소리 구별하기(귀) · 'ㅇ' 받침소리 익히기(입) · 'ㅇ' 받침이 있는 소리 구별하기	56, 57	76

◆ 소리찾기와 받침 익히기 1

<받침 지도 도움말>

– 받침이 있는 글자와 없는 글자 구별하기

한글은 초성과 종성의 자음 모양이 같아도 그 역할은 전혀 다르다. 초성의 자음은 모음과 이어져 소리를 내는 데 쓰이지만 종성의 자음은 그 나오는 소리를 막는 역할을 한다. 그 역할이 전혀 다름을 가르치는 사람은 분명히 인식하고 있어야만 바르게 자음 지도를 할 수 있다.

받침 지도의 기본은 소리찾기이다. 받침을 가린 상태에서 소리찾기를 할 수 있어야만 받침소리 지도를 할 수 있다. 소리찾기가 능숙하게 이루어진 후, 눈으로는 받침을 보고 귀로는 그 막는 느낌을 구별하고 입으로는 나오는 소리를 막아야 한다.

1. 눈으로 받침이 있는 것과 없는 것을 구별한다.

> 집 복 궤 페 돠 옆 헷 음 물 아 취 춤

'이게 받침이다' 하고 가르쳐 주면 어린이들이 받침을 잘 알게 될까? 그건 쉽게 가르치는 게 아니다. 눈으로 받침을 구별할 때에는 어린이가 받침을 이해하는 기준을 세울 수 있도록 다양한 형태의 글자를 제시한다. '집, 복' 글자는 받침을 이해시키기 위한 기본적인 자료이다. 이 글자들을 통해 받침에 대한 기본을 알고 '궤'나 '돠' 같이 복잡하게 보이는 글자를 제시함으로써 받침에 대한 이해의 폭을 넓혀 나가는 방식으로 접근한다. '물', '춤' 같은 글자는 모음과 붙어 있는 모양 때문에 받침이 아닌 것으로 생각할 수 있고 모음까지 받침으로 생각할 수도 있다. '음'처럼 초성과 종성이 같은 글자는 어떤 것이 받침인지 정확히 알도록 해야 한다.

2. 귀로 받침이 있는 소리와 받침이 없는 소리를 구별한다.

> 집 휴 페 돠 옆 헷 음 물 아 취 춤

소리를 들으면서 그에 해당하는 기호(글자)를 떠올리고 또 기호를 보고 소리로 표현하는 두 가지를 모두 할 수 있어야 언어를 익혔다고 할 수 있는데 우리 교육 현실은 기호를 보고 소리를 표현하는 쪽에 더 치중되어 있다. 귀로 받침이 있는 소리와 없는 소리를 듣고 구별하는 게 쉬울 것 같지만 녹음해서 들어 보면 어린이들이 이 소리를 바르게 구별할 수 있을까 하는 걱정이 앞선다. 처음에는 어렵다고 느끼지만 귀로 구별하는 능력이 생기면 이것 또한 새롭고 재미있는 경험이다. 지도자가 입을 가리거나 어린이가 눈을 감고 구별하게 하거나 녹음한 것을 들려주는 방법도 좋다.

글을 읽는 속도가 느리다든지, 받아쓰기할 때 소리 나는 대로 쓴다든지 하는 어린이는 대부분 귀로 받침이 있는 소리와 없는 소리를 구별하는 것을 어려워했다.

3. 입으로

반드시 소리찾기를 먼저하고 받침을 보도록 한다. 소리를 낸 다음 그 소리를 닿소리의 시작점으로 막는다. 받침이 있는 글자를 소리 내어 보라. 받침이 입 안의 어느 부분에서 막아 지는가?

'ㄱ' 받침은 목구멍으로 '가' 소리를 낼 때의 닿소리 시작점으로 막는다('ㅋ, ㄲ' 받침도 동일).

'ㄴ' 받침은 치아 뒤에 혀를 대면서 콧소리와 함께 '나' 소리를 낼 때의 닿소리 시작점으로 막는다.

'ㄹ' 받침은 혀를 구부려 끝을 입천장에 대고 '라' 소리를 낼 때의 닿소리 시작점으로 막는다.
'ㅁ' 받침은 위아래 입술을 모두 붙이고 콧소리를 내면서 '마' 소리를 낼 때의 닿소리 시작점으로 막는다.
'ㅂ' 받침은 위아래 입술을 모두 붙이고 '바' 소리를 낼 때의 닿소리 시작점으로 막는다('ㅍ' 받침도 동일).
'ㅇ' 받침은 코를 울리면서 막는다.
'ㄷ' 받침은 치아 뒤에 혀를 대면서 '다' 소리를 낼 때의 닿소리 시작점으로 막는다.
〈ㄷ, ㅌ, ㅅ, ㅆ, ㅈ, ㅊ, ㅎ〉 받침은 모두 'ㄷ' 소리처럼 막는다.

모든 받침 소리는 이 원리를 이용하여 지도한다.
이 방법으로 지도하면 연음이 되는 낱말(구름이, 밖에서 등)을 익히기 수월하다. 받아쓰기를 할 때에도 받침을 잘 기억한다.
'박'은 '박가 박'처럼 막는데 '가' 소리를 내지 않는다.
'밖'은 '박까 박'처럼 막는데 '까' 소리를 내지 않는다.
'엌'은 '억카 억'처럼 막는데 '카' 소리를 내지 않는다.
'늗'은 '는나 는'처럼 막는데 '나' 소리만 내지 않는다.
'돋'은 '돋다 돋'처럼 막는데 '다' 소리만 내지 않는다.
'밭'은 '받타 받'처럼 막는데 '타' 소리만 내지 않는다.
'말'은 '말라 말'처럼 막는데 '라' 소리만 내지 않는다.
'몸'은 '몸마 몸'처럼 막는데 '마' 소리만 내지 않는다.
'입'은 '입바 입'처럼 막는데 '바' 소리만 내지 않는다.
'높'은 '놉파 놉'처럼 막는데 '파' 소리만 내지 않는다.
'낫'은 '낟사 낟'처럼 막는데 '사' 소리만 내지 않는다.
'았'은 '앋싸 앋'처럼 막는데 '싸' 소리만 내지 않는다.
'행'은 '행아 행'처럼 막는데 '아' 소리만 내지 않는다.
'렇'은 '런하 런'처럼 막는데 '하' 소리만 내지 않는다.
'늦'은 '늗자 늗'처럼 막는데 '자' 소리만 내지 않는다.
'낯'은 '낟차 낟'처럼 막는데 '차' 소리만 내지 않는다.

받침이 두 개 있는 말은 뒤에 있는 소리에 붙여서 내도록 한다.
앉아라[안자라] 밝히다[발키다] 넓은[널븐] 등.

받침 지도 초기에는 받침이 있는 낱말 단위로 자연스럽게 받침소리를 익히는 것이 좋다. '안녕'을 읽을 때 '아녀'로 소리 낼 수 있으면 '아 안 너녀녕, 안 녕'을 듣고 따라 하면서 막는 느낌을 알도록 한다. 소리찾기를 잘 할 수 있으면 낱말을 인지하면서 받침소리는 자연스럽게 습득이 된다. 또 받침 지도 초기에는 귀로 받침이 있는 소리와 없는 소리를 구별하는 데 중점을 두어 활동하는 것이 좋다. (받침이 있는 소리 구별하기에 중점을 둔다.)

소리찾기를 하면서 받침을 익힐 수 있도록 다음과 같이 차시를 구성하였다. 매 차시 소리찾기는 기본으로 하고 7종류의 받침을 한 종류씩 익히도록 하였다. 받침이 7종류나 되다 보니 어린이들에게는 쉽지 않다. 받침소리가 있는 말을 서툴게 읽더라도 소리찾기만 정확하게 할 수 있다면 받침은 자연스럽게 소리 내도록 지도한다(그 소리를 들려주고 읽도록 함).

◆ 소리 찾기와 받침 익히기 1

활동 1 소리찾기

제목부터 소리찾기 하면서 읽는다. 〈귀여운〉을 읽을 때 〈구어운〉 또는 〈구이어운〉라고 읽어도 된다. 소리찾기를 틀렸을 때에는 〈귀〉부터 소리찾기를 다시 한다. 글의 내용이나 낱말의 뜻을 따로 지도하지 않는다. 오로지 소리찾기로 읽는지만 확인한다. 어린이가 손가락으로 짚지 않고도 소리찾기를 할 수 있으면 읽는 속도가 점점 빨라진다.

활동 2 받침이 있는 글자에 ○표 하기

지도자: (칠판에 '집'을 크게 쓰고, ㅂ을 가리키며) '집'에서는 아래에 있는 이 부분을 받침이라고 해요.

지도자: (칠판에 '복'을 크게 쓰고) 그러면 '복'에서는 어느 부분이 받침일까요?
(어린이는 '집'에서 'ㅂ'이 받침이라고 했기 때문에 '복'에서도 'ㅂ'이 받침이라고 생각할 수 있다. 어린이의 반응을 잘 살펴야 한다.)

지도자: ('ㅂ'을 가리키며)이 부분이 받침일까요? ('ㄱ'을 가리키며)이 부분이 받침일까요?

어린이: (손가락으로 받침이라고 생각하는 부분을 짚게 한다.)

지도자: 'ㅂ'이 받침이라고 생각하는 사람은 오른쪽으로 나와 보세요.

지도자: 'ㄱ'이 받침이라고 생각하는 사람은 왼쪽으로 나와 보세요.
(어린이가 어떤 생각을 하고 있는지 알아보기 위해 이런 활동이 필요하다.)

지도자: '복'에서는 'ㄱ'이 받침이에요. (맞힌 어린이에게는 작은 과자를 준다.)

어린이: (제자리로 들어간다.)

지도자: ('궤'를 크게 쓴다.)

지도자: 이 글자는 받침이 있을까요? (글자를 짚으며)

어린이: ('궤'글자가 다소 복잡하므로 받침이 있다고 생각할 수도 있고, 'ㅖ'부분을 받침으로 생각할 수도 있다.)

지도자: 받침이 있다고 생각하는 사람은 오른쪽으로 없다고 생각하는 사람은 왼쪽으로 서세요. (어린이가 어떤 생각을 하고 있는지 알아보기 위해 이런 활동이 필요하다.)

지도자: 정답을 발표하겠어요. '궤'에는 받침이 없어요.

지도자: 그럼 〈돠, 옆, 프, 아, 룽, 취, 쿱〉을 보고 받침이 있는 글자에 ○해 보세요(글자를 짚으며).

어린이의 표시

집	복	궤	돠	옆	프	아	룽	취	쿱
○	○			○			○		○

2. 받침이 있는 글자에 ○표 하기

집	복	궤	돠	옆	프	아	룽	취	쿱

3. 받침이 있는 글자 ○표 하기

오늘은 (　)년 (　)월 (　)일 (　)요일입니다.
지금은 (　)년 (　)월 (　)일 (　)요일 (　)시입니다.

소리찾기를 하면서 글을 읽었나요? (지도자 확인)

받침 가리고 5분 이내에 읽으면 다음 쪽으로 (지도자 확인)

47

〈아가〉 어린이용 46, 47쪽

활동 3 본문에 있는 글에서 받침이 있는 글자 찾아 ○표 하기

어린이의 표시: 진한 글자에 ○표

아 가

동그란 얼굴에 귀여운 **입**
방글방글 아기가 **웃**고 있네.

아가 아가 우리 아가
동그란 얼굴 참 어여쁘다

아가 아가 우리 아가
동그란 얼굴 어여쁘다

소리찾기를 하면서 글을 읽는지 한 명 한 명 개별적으로 확인을 하고 사인을 하거나 도장을 찍어 준다. 초시계로 시간을 재고 5분 이내에 읽으면 다음으로 넘어갈 수 있다. 지도자가 사인해도 되고 읽은 시간 중 가장 짧은 시간을 써 주어도 된다.

소리찾기를 하면서 읽는 것은 정확한 소리가 아니기 때문에 확인이 끝난 후에는 〈아가〉를 지도자의 모범 소리로 들려주거나 따라 읽게 한다.

확인이 끝나고 낱말 단위로 듣고 따라서 읽는다.

지도자: 동그란.
어린이: 동그란(한 글자씩 손가락으로 짚으며).
지도자: 얼굴에.
어린이: 얼굴에(한 글자씩 손가락으로 짚으며).

....

지도자: 어여쁘다.
어린이: 어여쁘다(손가락으로 짚으며).

※ 악보 〈아가 뮤직박스〉 참고

◆ 소리 찾기와 받침 익히기 1

활동 1 소리찾기

〈우리 학교〉를 소리찾기 하며 읽게 한다. 낱말의 뜻이나 글의 내용은 따로 지도하지 않는다.

〈과학실〉을 읽을 때 〈고아하시〉 또는 〈과하시〉라고 읽어도 된다. 소리찾기는 낱말 단위로 하는데 틀렸을 때에는 낱말의 처음 〈과〉부터 소리찾기를 다시 한다. 학교 여러 곳을 나타내는 낱말들로 구성하였으나 어린이가 묻지 않으면 글의 내용이나 낱말의 뜻을 지도하지 않는다. 오로지 소리찾기로 읽는지만 확인한다. 어린이가 손가락으로 짚지 않고 소리찾기를 할 수 있으면 읽는 속도가 빨라진다.

활동 2 받침이 있는 소리 구별하기

들려줄 소리를 녹음해서 들어 보라. 받침소리를 듣고 구별하는 게 쉬울 것 같지만 녹음해서 들어 보면 그렇지만은 않다는 것을 알 것이다. 더군다나 귀로 받침을 구별하는 활동은 어린이의 입장에서 매우 생소한 것이다. 받침소리를 귀로 구별하는 능력이 생기면 새롭고 재미있는 감각적 활동을 할 수 있다.

이 활동은 그 동안 들은 소리들을 받침이 있는 소리와 없는 소리로 구별하는 능력을 기르기 위해 구성하였다. 'ㄱ' 받침 중심으로 들려주고 어린이는 ○로 표시하게 한다. ○표 하는 방법을 안내한다.

어린이가 표시를 잘못하였더라도 정답을 알려 주지 않으며 표시한 상황을 해당 어린이의 지도 자료로 이용한다. 또 다른 어린이의 것을 보고 표시하지 않도록 한다. 받침소리를 바르게 구별하는 능력에 앞서 어린이가 해당 소리에 받침이 있다고 생각하는지 없다고 생각하는지 판단하는 것이 중요하다. 이 판단을 바르게 할 수 있어야 받침이 있는 소리와 없는 소리를 바르게 구별하는 힘이 생긴다.

지도자: 선생님의 소리를 듣고 받침이 있는 소리에 ○표 하세요. 1번 소리입니다. 〈가〉. 이 소리가 받침이 있다고 생각되면 1번 아래 칸에 ○표 하세요. 받침이 없다고 생각되면 아무런 표시도 하지 마세요. 다시 들려주겠습니다. 〈가〉.
지도자: 2번 소리입니다. 〈먹〉. 친구 것을 보고 하지 마세요. 자신이 판단해야 합니다. 한 번 더 들려줍니다. 〈먹〉.
지도자: 3번 소리입니다. 두 번 들려주겠습니다. 〈녀, 녀〉.

같은 방법으로 들려준다.

지도자가 들려줄 소리

1	2	3	4	5	6	7	8	9	10
가	먹	녀	부	워	크	죽	애	육	야

4-1과정 소리찾기와 받침 익히기 1

2. 받침이 있는 소리 구별하기

1	2	3	4	5	6	7	8	9	10

3. 받침소리 익히기

노	가	하	채	떠	머	시	어	나	그
녹	각	학	책	떡	먹	식	억	낚	극

4. 받침이 있는 소리 구별하기

1	2	3	4	5	6	7	8	9	10

오늘은 ( )년 ( )월 ( )일 ( )요일입니다.
지금은 ( )년 ( )월 ( )일 ( )요일 ( )시입니다.

소리찾기를 하면서 글을 읽었나요? (지도자 확인)

49

〈우리 학교〉 어린이용 48, 49쪽

어린이의 표시

1	2	3	4	5
	○			

6	7	8	9	10
	○		○	

활동 3 받침소리 익히기

노	가	하	채	떠
녹	각	학	책	떡
머	시	어	나	그
먹	식	억	낚	극

〈방법 1〉

지도자: (칠판에 '노'를 쓰고)
지도자: 이 소리를 읽어 보세요.
어린이: 나너노 노.
지도자: (칠판에 '녹'을 쓰고)
지도자: 이 글자의 받침은 어떤 것인가요?
어린이: 이 부분이 받침입니다('ㄱ'을 가리키며).

지도자: 받침 'ㄱ'의 소리를 잘 들어 보세요. 노-옥, 녹.
지도자: 〈노-〉 하고 소리를 내다가 〈-옥〉 하고 목구멍을 사용하며 나오는 소리를 막습니다.
(구강 그림에서 막아지는 부분을 가리키며) 따라서 해 봅시다. 노-옥.
어린이: 노-옥.
지도자: 이 글자를 읽을 때에는 '노-옥' 해도 되고 '녹' 해도 됩니다. 그런데 '노' 소리는 꼭 낼 줄 알아야 해요('노'를 가리키며).

〈방법 2〉

지도자: (칠판에 '채'를 쓰고)
지도자: 이 소리는 어떻게 날까요?
어린이: 채.
지도자: 참 잘했어요. ('채' 소리찾기를 했을 때 칭찬한다.)
〈채-〉 하고 소리를 내다가 〈-액〉 하고 목구멍을 사용하며 나오는 소리를 막습니다
(구강 그림에서 막아지는 부분을 가리키며).
지도자: 따라서 소리를 막아 보세요. 채-액, 책.
〈각, 학, 떡, 먹, 식, 억, 낚, 녘〉도 같은 방법으로 지도한다.
지도자: (칠판에 '채'를 쓰고) 이 소리는 어떻게 날까요?
어린이: 채.
지도자: (칠판에 '책'을 쓰고) 이번에는 이렇게 소리 내어 보세요. '책가'에서 '가'소리를 내지 마세요.
책가 책('가' 소리를 내지 않는다.)
어린이: 책가 책('가' 소리를 내지 않는다.)

〈각, 학 떡, 먹, 식, 억, 낙, 녘〉 등의 소리도 두 가지 방법 중 하나로 지도한다.

◆ 소리 찾기와 받침 익히기 1

> **활동 4** 받침이 있는 소리 구별하기

이 활동은 활동 3에서 익힌 'ㄱ' 받침소리를 확인하기 위해 실시한다. 활동 3에서 익힌 소리들만을 들려주고 표시하게 한다. 어린이가 표시를 잘못하였더라도 정답을 알려 주지 않으며 표시한 상황을 해당 어린이의 지도 자료로 이용한다. 또 다른 어린이의 것을 보고 표시하지 않도록 한다. 받침소리를 바르게 구별하는 능력에 앞서 어린이가 해당 소리에 받침이 있다고 생각하는지 없다고 생각하는지 판단하는 것이 중요하다. 이 판단을 바르게 할 수 있어야 받침이 있는 소리와 없는 소리를 바르게 구별하는 힘이 생긴다.

지도자: 선생님의 소리를 듣고 받침이 있는 소리에 ○표 하세요. 1번 소리입니다. 〈노〉. 이 소리가 받침이 있다고 생각되면 1번 아래 칸에 ○표 하세요. 받침이 없다고 생각되면 아무런 표시도 하지 마세요. 다시 들려주겠습니다. 〈노〉.
지도자: 2번 소리입니다. 〈학〉. 친구 것을 보고 하지 마세요. 자신이 판단해야 합니다. 한 번 더 들려줍니다. 〈학〉.
지도자: 3번 소리입니다. 두 번 들려주겠습니다. 나, 나.

같은 방법으로 들려준다.

지도자가 들려줄 소리

1	2	3	4	5	6	7	8	9	10
노	학	나	떡	그	극	가	시	식	하

어린이의 표시

1	2	3	4	5	6	7	8	9	10
	○		○		○			○	

소리찾기를 하면서 읽는 것은 정확한 소리가 아니기 때문에 확인이 끝난 후에는 〈우리 학교〉를 지도자의 모범 소리로 들려주거나 따라 읽게 한다.

확인이 끝나고 낱말 단위로 듣고 따라서 읽는다.

지도자: 과학실.
어린이: 과학실(한 글자씩 손가락으로 짚으며).
지도자: 시청각실.
어린이: 시청각실(한 글자씩 손가락으로 짚으며).
지도자: 계단.
어린이: 계단(한 글자씩 손가락으로 짚으며).

················

지도자: 팔반.
어린이: 팔반(손가락으로 짚으며).

〈우리 학교〉 어린이용 48, 49쪽

오늘은 ___년 __월 __일 _요일입니다.
지금은 ___년 __월 __일 _요일 __시입니다.
빈칸에 숫자를 써 주고 〈소리찾기〉하며 읽게 한다.

어린이가 읽지 않는 지시문은 작은 크기로 제시했다.

어린이가 모르는 글자를 소리찾기 할 때는 그 소리가 맞는 지 스스로 판단할 수 없다. 누군가 옆에서 그 소리가 맞다는 것을 확인해 주어야만 한다. 소리찾기 할 때 자습을 시키지 말라고 하는 이유이다. 학습을 먼저 끝내거나 기다리는 어린이는 차라리 눈을 쉬게 하거나 다른 활동을 시키는 것이 낫다. 이와 관련하여 다른 활동을 시키고자 할 때 도움을 줄 수 있는 몇 가지 그림 디자인과 노래, 챈트 등을 지면이 허락하는 곳곳에 실었다.

※ 악보 〈사람〉 참고

지도 후기 3

〈난독증은 없다 1 – ○○이〉

(부탁합니다. 만약에 주변에 난독증이어서 한글을 못 읽는다는 사람이 있으면 한 번 만나 보게 해 주세요.)

난독증이라고 데려온 ○○이. 병원에서 난독증 판정을 받았으니 교육청에서 아이에 대한 대책을 세워달라는 학부모의 요구가 있었다. ○○이는 한글을 읽지 못하는 것 때문에 학습에도 잘 참여하지 않게 되었으며 자연히 또래들과 어울리지 못했고 아이들과의 관계에서도 소극적이고 방어적인 자세를 취했다.

○○이는 너무나도 쉽게 한글을 읽어서 지도하는 사람도 지켜보는 학부모도 깜짝 놀랄 정도였다. 모음의 순서를 잘 기억하였고 닿소리의 시작점도 놓치지 않고 소리내었다. 지도를 시작한 지 4일 째부터 소리찾기를 하였는데 모르는 글자가 나와 더듬거릴 때마다 소리찾기를 시켰다. "'이 글자를 내가 어디서 보았더라…' 이런 생각을 하지 마라. 기역인가 시옷인가 하는 생각도 하지 마라. 못 읽는 글자가 보이면 아무 생각하지 말고 소리찾기부터 해라." ○○이를 가르치면서 가장 많이 한 말이다. 그동안 배웠던 기역, 니은 하는 자음의 이름을 먼저 떠올리기 때문에 기호와 소리를 연결시키지 못했던 것이다.

○○이 같은 유형의 아이는 글을 읽을 때 유난히 말을 많이 한다. 공부 시간을 따져 보면 글을 읽는 시간보다 말한 시간이 더 많다. 상담에서는 내담자의 말을 들어 주라고 하지만 한글 지도에서는 지도자가 아이의 말만 듣고 있다가는 정작 중요한 소리찾기를 놓치게 되니 유의해야 할 점이다. 한글을 가르치는 사람이 소리찾기의 중요성을 알고 지도한다면 실패란 있을 수 없다. 소리찾기 할 때 딴 곳에 정신을 팔지 않도록 지도자는 꼭 옆에서 지켜봐야 하며, 어린이가 말한다고 그 이야기를 다 듣고 있는 것도 하지 않아야 한다.

가끔 ○○이 학부모와 통화를 하는데 병원까지 가서 난독증 판정을 받았다는 ○○이는 하루에 동화책을 두 권씩이나 읽어 내고 학교 생활도 잘 하고 있다고 한다. 언제 어디서나 당당하게 자신의 생각을 표현하고 다른 사람과 말과 글로써 소통할 수 있는 능력은 입문기의 학생에게 꼭 필요한 일이다. 난독증이라는 생각이 들면 이 책에 나와 있는 방법대로 한글 읽기를 지도해 보길 바라며 필자에게 연락을 주면 어디든지 달려 가겠다.

◆ 소리 찾기와 받침 익히기 1

활동 1) 소리찾기

〈우리나라〉를 소리찾기 하며 읽게 한다. 낱말의 뜻이나 글의 내용은 지도하지 않는다. 〈서울〉을 읽을 때 〈서우〉라고 읽어도 된다. 소리찾기는 낱말 단위로 하는데 틀렸을 때에는 낱말의 처음 〈서〉부터 소리찾기를 다시 한다. 어린이가 묻지 않으면 글의 내용이나 낱말의 뜻을 지도하지 않는다. 묻는다 하더라도 그런 게 있다는 정도로만 알려 줄 뿐 오로지 소리찾기로 읽는지만 확인한다.

활동 2) 받침이 있는 소리 구별하기

'ㅁ' 받침 중심으로 들려주고 어린이는 ○로 표시하게 한다. 어린이가 표시를 잘못하였더라도 정답을 알려 주지 않으며 표시한 상황을 해당 어린이의 지도 자료로 이용한다. 또 다른 어린이의 것을 보고 표시하지 않도록 한다. 받침소리를 바르게 구별하는 능력에 앞서 어린이가 해당 소리에 받침이 있다고 생각하는지 없다고 생각하는지 판단하는 것이 중요하다. 이 판단을 바르게 할 수 있어야 받침이 있는 소리와 없는 소리를 바르게 구별하는 힘이 생긴다.

1. 소리찾기

우리나라

서울 부산 대구 인천
광주 대전 울산 세종
경기도 수원 광명
강원도 춘천 강릉

충청북도 충주 청주
충청남도 천안 공주
전라북도 전주 군산
전라남도 목포 여수

경상북도 포항 경주
경상남도 창원 진주
제주도 울릉도 독도

북한 평양 신의주
백두산 한라산
한강 금강 낙동강 영산강

| ㅏ | ㅓ | ㅗ | ㅜ | ㅡ | ㅣ | ㅐ(ㅔ) |

50

지도자: 선생님의 소리를 듣고 받침이 있는 소리에 ○표 하세요. 1번 소리입니다. 〈금〉. 이 소리가 받침이 있다고 생각되면 1번 아래 칸에 ○표 하세요. 받침이 없다고 생각되면 아무런 표시도 하지 마세요. 다시 들려주겠습니다. 〈금〉.
지도자: 2번 소리입니다. 〈슈〉. 친구 것을 보고 하지 마세요. 자신이 판단해야 합니다. 한 번 더 들려줍니다. 〈슈〉.
지도자: 3번 소리입니다. 두 번 들려주겠습니다. 와, 와.

같은 방법으로 들려준다.

지도자가 들려줄 소리

1	2	3	4	5	6	7	8	9	10
금	슈	와	펌	큼	지	구	비	밈	염

어린이의 표시

1	2	3	4	5	6	7	8	9	10
○			○	○				○	○

활동 3) 받침소리 익히기

다	가	흐	채	떠	머	이	어	토	므
담	감	흠	챔	떰	멈	임	엄	톰	믐

2. 받침이 있는 소리 구별하기

1	2	3	4	5	6	7	8	9	10

3. 받침소리 익히기

다	가	흐	채	떠	머	이	어	토	므
담	감	흠	챔	떰	멈	임	엄	톰	음

4. 받침이 있는 소리 구별하기

1	2	3	4	5	6	7	8	9	10

오늘은 (　)년 (　)월 (　)일 (　)요일입니다.
지금은 (　)년 (　)월 (　)일 (　)요일 (　)시입니다.

소리찾기를 하면서 글을 읽었나요? (지도자 확인)

51

〈우리나라〉 어린이용 50, 51쪽

〈방법 1〉
지도자: (칠판에 '다'를 쓰고)
지도자: 이 소리를 읽어 보세요.
어린이: 다.
지도자: (칠판에 '담'을 쓰고)
지도자: 이 글자의 받침은 어떤 것인가요?
어린이: 이 부분이 받침입니다('ㅁ'을 가리키며).
지도자: 마차에서 지붕과 기둥, 바닥이 꼭 붙어 있어야 하는 것처럼 'ㅁ'의 받침소리도 입이 꼭 막아져야 합니다. 받침 'ㅁ'의 소리를 잘 들어 보세요. 다-암, 담.
지도자: 〈다-〉 하고 소리를 내다가 〈-암〉 콧소리를 내면서 위아래 입술을 가볍게 붙이며 나오는 소리를 막습니다. (구강 그림에서 입술 부분을 가리키며) 따라서 해 봅시다. 다-암.
어린이: 다-암.
지도자: 이 글자를 읽을 때에는 '다-암' 해도 되고 '담' 해도 됩니다. 그런데 '다' 소리는 꼭 낼 줄 알아야 해요('다'를 가리키며).

〈방법 2〉
지도자: (칠판에 '가'를 쓰고) 이 소리는 어떻게 날까요?
어린이: 가.
지도자: (칠판에 '감'을 쓰고) 이번에는 이렇게 소리내어 보세요. '감마'에서 '마' 소리를 내지 마세요. 감마 감('마' 소리를 내지 않는다.)
어린이: 감마 감('마' 소리를 내지 않는다.)

〈흠, 챔, 떰, 멈, 임, 엄, 톰, 음〉도 두 가지 방법을 활용하여 지도한다.

| 활동 4 | 받침이 있는 소리 구별하기 |

지도자: 선생님의 소리를 듣고 받침이 있는 소리에 ○표 하세요. 1번 소리입니다. 〈채〉. 이 소리가 받침이 있다고 생각되면 1번 아래 칸에 ○표 하세요. 받침이 없다고 생각되면 아무런 표시도 하지 마세요. 다시 들려주겠습니다. 〈채〉.
지도자: 2번 소리입니다. 〈임〉. 친구 것을 보고 하지 마세요. 자신이 판단해야 합니다. 한 번 더 들려줍니다. 〈임〉.
지도자: 3번 소리입니다. 두 번 들려주겠습니다. 톰, 톰.

같은 방법으로 들려준다.

지도자가 들려줄 소리

1	2	3	4	5	6	7	8	9	10
채	임	톰	머	이	감	임	토	므	흠

어린이의 표시

1	2	3	4	5	6	7	8	9	10
	○	○			○	○			○

◆ 소리 찾기와 받침 익히기 1

활동 1 소리찾기

〈나〉를 소리찾기 하며 읽게 한다. 낱말의 뜻이나 글의 내용은 지도하지 않는다.

〈예쁘게〉를 읽을 때 〈에브게〉라고 읽어도 된다. 주의할 점은 〈예, 게〉를 소리찾기 할 때 〈어, 거〉로 소리 내는 경우가 있는데 이는 〈ㅓ〉 소리가 〈ㅔ〉보다 앞에 있어서 더 쉽게 찾을 수 있어서 그런 것이다. 이런 습관이 들지 않도록 모음 〈ㅔ〉가 맨 끝에 있음을 생각하고 〈ㅏ, ㅓ, ㅗ, ㅜ, ㅡ, ㅣ, ㅔ〉에서 찾도록 해야 한다. 어린이가 묻지 않으면 글의 내용이나 낱말의 뜻을 지도하지 않는다. 묻는다 하더라도 그런 게 있다는 정도로만 알려 줄 뿐 오로지 소리찾기로 읽는지만 확인한다.

1. 소리찾기

나

예쁘게 서서 허리에 손
하나 둘 셋 넷
오른팔을 쭉 펴서 주먹을 쥐고
오우! 잘 했어요.
팔을 접고 엄지손가락만 펴세요.
흐음! 이거 누군가요?
나!

나!
이 세상에서 하나뿐인 나.
엄마, 아빠 사랑 듬뿍 받고
오늘도 씩씩하게 커가는 나.
선생님, 친구 사랑 듬뿍 받고
오늘도 오순도순 즐거운 나.

| ㅏ | ㅓ | ㅗ | ㅜ | ㅡ | ㅣ | ㅐ(ㅔ) |

52

활동 2 받침이 있는 소리 구별하기

'ㄴ' 받침 중심으로 들려주고 어린이는 ○로 표시하게 한다. 어린이가 표시를 잘못하였더라도 정답을 알려 주지 않으며 표시한 상황을 해당 어린이의 지도 자료로 이용한다. 또 다른 어린이의 것을 보고 표시하지 않도록 한다. 받침소리를 바르게 구별하는 능력에 앞서 어린이가 해당 소리에 받침이 있다고 생각하는지 없다고 생각하는지 판단하는 것이 중요하다. 이 판단을 바르게 할 수 있어야 받침이 있는 소리와 없는 소리를 바르게 구별하는 힘이 생긴다.

지도자가 들려줄 소리

1	2	3	4	5	6	7	8	9	10
손	펴	소	뿐	저	허	리	른	에	쥐

어린이의 표시

1	2	3	4	5	6	7	8	9	10
○			○				○		

활동 3 받침소리 익히기

치	수	르	느	이	마	구	뿌	토	느
친	순	른	는	인	만	군	뿐	톤	는

70 모두 깨치는 한글

4-1과정 소리찾기와 받침 익히기 1

〈나〉 어린이용 52, 53쪽

2. 받침이 있는 소리 구별하기

1	2	3	4	5	6	7	8	9	10

3. 받침소리 익히기

치	수	르	느	이	마	구	뿌	토	느
친	순	른	는	인	만	군	뿐	톤	는

4. 받침이 있는 소리 구별하기

1	2	3	4	5	6	7	8	9	10

오늘은 (   )년 (   )월 (   )일 (   )요일입니다.
지금은 (   )년 (   )월 (   )일 (   )요일 (   )시입니다.

소리찾기를 하면서 글을 읽었나요? (지도자 확인)

〈방법 1〉
지도자: (칠판에 '치'를 쓰고)
지도자: 이 소리를 읽어 보세요.
어린이: 차처초추츠치 치.
지도자: (칠판에 '친'을 쓰고)
지도자: 이 글자의 받침은 어떤 것인가요?
어린이: 이 부분이 받침입니다('ㄴ'을 가리키며).
지도자: 받침 'ㄴ'의 소리를 잘 들어 보세요. 치-인, 친.
지도자: 〈치-〉하고 소리를 내다가 〈-인〉 콧소리와 함께 치아 뒤에 혀를 대면서 나오는 소리를 막습니다. (구강 그림에서 해당 부분을 가리키며) 따라서 해 봅시다. 치-인.
어린이: 치-인.
지도자: 이 글자를 읽을 때에는 '치-인' 해도 되고 '친' 해도 됩니다. 그런데 '치' 소리는 꼭 낼 줄 알아야 해요('치'를 가리키며).

〈방법 2〉
지도자: (칠판에 '수'를 쓰고) 이 소리는 어떻게 날까요?
어린이: 수.
지도자: (칠판에 '순'을 쓰고) 이번에는 이렇게 소리내어 보세요. '순나'에서 '나' 소리를 내지 마세요. 순나 순('나' 소리를 내지 않는다.)
어린이: 순나 순('나' 소리를 내지 않는다.)

〈른, 는, 인, 만, 군, 뿐, 톤, 는〉도 두 가지 방법을 활용하여 지도한다.

활동 4 받침이 있는 소리 구별하기

지도자: 선생님의 소리를 듣고 받침이 있는 소리에 ○표 하세요. 1번 소리입니다. 〈느〉. 이 소리가 받침이 있다고 생각되면 1번 아래 칸에 ○표 하세요. 받침이 없다고 생각되면 아무런 표시도 하지 마세요. 다시 들려주겠습니다. 〈느〉.
지도자: 2번 소리입니다. 〈톤〉. 친구 것을 보고 하지 마세요. 자신이 판단해야 합니다. 한 번 더 들려줍니다. 〈톤〉.
지도자: 3번 소리입니다. 두 번 들려주겠습니다. 이, 이. 같은 방법으로 들려준다.

지도자가 들려줄 소리

1	2	3	4	5	6	7	8	9	10
느	톤	이	순	수	군	는	친	만	르

어린이의 표시

1	2	3	4	5	6	7	8	9	10
	○		○		○	○	○	○	

소리찾기를 하면서 읽는 것은 정확한 소리가 아니기 때문에 확인이 끝난 후에는 〈나〉를 지도자의 모범 소리로 들려주고 따라 읽게 한다. 손가락으로 짚으면서 반드시 글자를 보고 낱말 단위로 듣고 따라서 읽게 한다.

◆ 소리 찾기와 받침 익히기 1

지도자: 예쁘게.
어린이: 예쁘게(한 글자씩 손가락으로 짚으며 글자를 본다).
지도자: 서서.
어린이: 서서(한 글자씩 손가락으로 짚으며 글자를 본다).

....

지도자: 즐거운.
어린이: 즐거운(한 글자씩 손가락으로 짚으며 글자를 본다).

오늘은 _____년 __월 __일 _요일입니다.
지금은 _____년 __월 __일 _요일 __시입니다.
빈칸에 숫자를 써 주고 〈소리찾기〉 하며 읽게 한다.

※ 악보 〈나〉 참고

지도 후기 4

〈난독증은 없다 2 - △△이〉

(부탁합니다. 만약에 주변에 난독증이어서 한글을 못 읽는다는 사람이 있으면 한 번 보게 해 주세요.)

　1학년 가을이 되어서도 한글을 읽지 못해 부모님과 선생님의 애를 태웠던 아이 △△. 이 아이는 그림을 참 잘 그리며 낙서마저도 피카소 그림 같다. 그런 재능이 있는 아이였다. △△이는 한글 읽는 것만 빼고 완벽한 1학년이었다. 한글을 깨치기 위해 안 해 본 방법이 없었기에 1학년 2학기가 되어도 한글을 못 읽자 담임지도자도 어머니도 △△이는 난독증이 아닐까 걱정을 하던 터였다. 57쪽에 실린 학부모 사례는 △△이의 이야기이다.
　△△이는 자음 익히기도 쉽게 했고 모음 7개 소리도 잘 냈는데 〈아, 야, 어, 여, 오, 요, 우, 유, 으, 이, 애〉 소리는 습관이 되었는지 예전에 배운 대로 냈다. 문제는 소리찾기 과정에서 나타났다. 아는 글자는 소리찾기를 하지 않은 채 빨리 말해 버리고 모르는 글자가 나왔을 때는 '이 글자를 어디서 보았더라…'하면서 어떤 사건이 떠오르면 한도 끝도 없이 이야기를 하는 것이다. 무슨 말이 그렇게 하고 싶은지 말을 시작하면 그만하라고 해야 끝이 났다.
　'△△아, 소리찾기부터 해. 네 이야기는 나중에 내가 다 들어 줄게.'
　하고 싶어 하는 말을 끊게 하고 소리찾기에 집중하도록 했다. 조금씩, 조금씩 한글을 읽는 속도가 빨라지고 엄마와 함께 한글을 읽을 수 있게 되었을 때 학교로 찾아온 △△ 엄마의 얼굴은 반짝반짝 빛이 나고 다른 사람 같았다.
　난독증, 여우가 높은 나무에 달린 포도에 손이 닿지 않자 저 포도는 시다라고 한 것처럼, 한글을 가르쳐도 읽지 못하는 아이들을 난독증이라는 말로 치부해 버리는 것일지도 모른다. 그러나 나는 강력히 주장한다. 한글에 있어서 난독증은 없다고 말이다. 난독증이라는 말로 치부하기 전에 가르치는 방법이 제대로 되었는지 생각해 보아야 한다. 난독증을 말하기 전에 나에게 데려와 주시라. 대한민국에서 밥 먹고 걸어 다니는 사람이라면 한글 난독증은 있을 수가 없다. 세종대왕님이 만들어 주신 한글은 그래서 더 위대하다.

⟨나⟩ 어린이용 52, 53쪽

지도 후기 5

〈'기역, 니은'이 너무도 어려웠던 아이 – ▽▽이〉

▽▽이는 생각만 해도 즐거움이 솟아나는 아기 공룡 둘리 같은 아이였다. 1학년 교실에서 다른 아이들은 모두 자리에 앉아 있어도 ▽▽이는 양팔을 허수아비처럼 벌리고 교실 곳곳을 돌아다니거나, 보이지 않아서 찾아보면 친구들이 앉아 있는 의자나 책상 밑을 청소하듯 옷으로 먼지를 다 쓸고 다녔다. 혼자 놀기의 정수, ▽▽이. 친구들한테 장난을 치거나 까칠하게 짜증을 내지도 않아서 딱히 야단 칠 일은 없었지만, ▽▽이의 자유분방함이 학습으로 이어지지 않는다는 게 문제였다. 글을 읽어보라고 하면 '나 한글 못 읽는데요?' 하면서 오히려 선생님을 빤히 쳐다봤다. 한글을 못 읽는 것이 당연하다는 듯 선생님을 어이없게 만드는 아이였다. ▽▽이한테는 '기역, 니은'이라는 말들이 너무도 어려웠던 것이다.

1학년 200여 명 중에 6월이 되어도 한글을 깨치지 못한 아이가 10명 정도 있었는데 그때 ▽▽이도 포함되어서 한글 교실에 들어왔다. 한글 교실에서도 자리에 앉지를 않았고 도저히 통제가 되지 않았다. 며칠 지나지 않아 다른 아이들은 한글을 깨치고 교실로 돌아갔지만 ▽▽이 혼자 한글 미해득인 채로 남게 되었다. 어쩌면 한글을 가르치는 것보다 이 아이를 자리에 앉게 하는 게 더 힘들었다.

할 수 없이 서서 모음 익히기와 자음 지도를 했다. 하나씩 따라올 때마다 하리보(아이들이 맛있어 하는 곰돌이 젤리)를 주면서 자리에 앉는 것을 가르쳤다. 소리찾기 할 때쯤 자리에는 앉았지만 방구가 나오는 대로 뀌고 어려움을 모르기는 여전했다. 공부를 하다가도 '나, 방구 마려운데'라고 하던 아이다.

소리찾기가 익숙해지자 ▽▽이의 학습 태도도 많이 달라졌다. 다리를 건들거리기는 하나 집중해서 소리를 찾았고 학습 시간도 점차 늘어났다. 한 문장을 혼자서 읽으면 담임 선생님한테 자랑을 하고 그러면서 점점 학습에 관심을 갖게 되었다.

받침을 익히는데 ▽▽이는 놀라웠다. 보통 받침은 한 종류씩 익히는 것도 힘들어 하는데 ▽▽이는 한 글자의 받침을 소리 내어 주면 따라해 보고는 다른 글자의 받침도 자연스럽게 소리 내는 것이 아닌가! 마치 어른이 받침의 기능을 알고 소리 내는 것처럼 하루에 7종류의 받침을 모두 소화했다.

작년에는 급식실에서도 맨 늦게까지 앉아서 밥을 먹는 건지, 세월을 낚는 건지 느릿느릿하던 아이가 2학년에 올라가서는 한 번도 눈에 띄지 않았다. 받아쓰기는 잘하고 있는 걸까? 내심 기대도 되고 보고 싶기도 하다. 귀여운 ▽▽이.

◆ 소리 찾기와 받침 익히기 1

활동 1 소리찾기

〈속담 1〉을 소리찾기 하며 읽게 한다. 어린이가 묻지 않으면 글의 내용이나 낱말의 뜻을 지도하지 않는다. 묻는다 하더라도 그런 게 있다는 정도로만 알려 줄 뿐 오로지 소리찾기를 바르게 하면서 읽는지만 확인한다. 〈외나무다리〉에서 〈외〉는 〈오이〉로 읽게 하고 익숙해지면 바른 소리를 들려주어 따라 하게 한다.

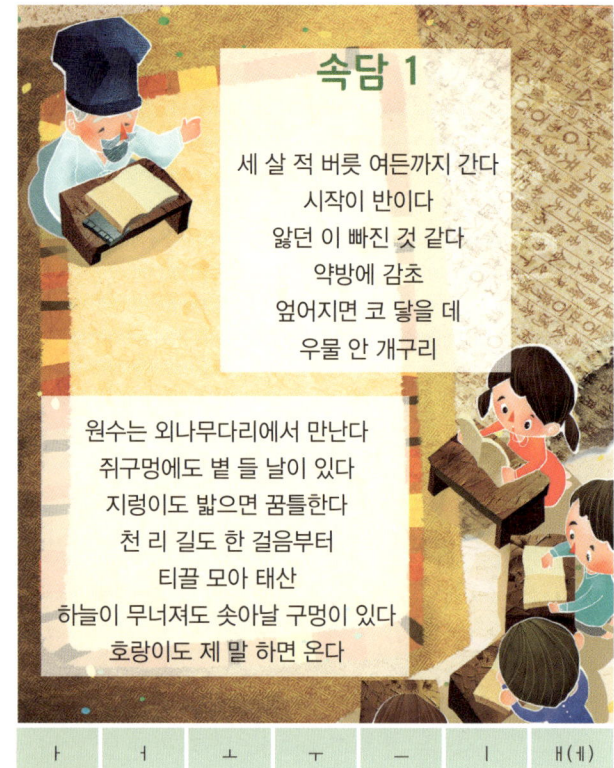

활동 2 받침이 있는 소리 구별하기

'ㄹ' 받침 중심으로 들려주고 어린이는 ○로 표시하게 한다. 어린이가 표시를 잘못하였더라도 정답을 알려 주지 않으며 표시한 상황을 해당 어린이의 지도 자료로 이용한다. 또 다른 어린이의 것을 보고 표시하지 않도록 한다.

지도자가 들려줄 소리

1	2	3	4	5
살	세	물	티	끌
6	**7**	**8**	**9**	**10**
모	아	제	말	늘

어린이의 표시

1	2	3	4	5	6	7	8	9	10
○		○		○				○	○

활동 3 받침소리 익히기

사	으	무	드	나	트	끄	마	뿌	르
살	을	물	들	날	틀	끌	말	뿔	를

〈방법 1〉

지도자: (칠판에 '사'를 쓰고)
지도자: 이 소리를 읽어 보세요.
어린이: 사.
지도자: (칠판에 '살'을 쓰고)
지도자: 이 글자의 받침은 어떤 것인가요?
어린이: 이 부분이 받침입니다('ㄹ'을 가리키며).
지도자: 받침 'ㄹ'의 소리를 잘 들어 보세요. 사−알, 살.
지도자: 〈사−〉 하고 소리를 내다가 〈−알〉 혀를 구부려 끝을 입천장에 대고 나오는 소리를 막습니다. (구강 그림에서 해당 부분을 가리키며) 따라서 해 봅시다. 사−알.
어린이: 사−알.
지도자: 이 글자를 읽을 때에는 '사−알' 해도 되고 '살' 해도 됩니다.

4-1과정 소리찾기와 받침 익히기 1

2. 받침이 있는 소리 구별하기

1	2	3	4	5	6	7	8	9	10

3. 받침소리 익히기

사	으	무	드	나	트	끄	마	뿌	르
살	을	물	들	날	틀	끌	말	뿔	를

4. 받침이 있는 소리 구별하기

1	2	3	4	5	6	7	8	9	10

오늘은 (　)년 (　)월 (　)일 (　)요일입니다.
지금은 (　)년 (　)월 (　)일 (　)요일 (　)시입니다.

소리찾기를 하면서 글을 읽었나요? (지도자 확인)

55

〈속담 1〉 어린이용 54, 55쪽

〈방법 2〉
지도자: (칠판에 '으'를 쓰고) 이 소리는 어떻게 날까요?
어린이: 으.
지도자: (칠판에 '을'을 쓰고) 이번에는 이렇게 소리 내어 보세요. '을라'에서 '라' 소리를 내지 마세요. 을라 을('라' 소리를 내지 않는다.)
어린이: 을라 을('라' 소리를 내지 않는다.)

〈물, 들, 날, 틀, 끌, 말, 뿔, 를〉도 두 가지 방법을 활용하여 지도한다.

활동 4 받침이 있는 소리 구별하기

지도자가 들려줄 소리

1	2	3	4	5
을	날	틀	물	불
6	7	8	9	10
뿔	말	트	무	뿌

어린이의 표시

1	2	3	4	5	6	7	8	9	10
○	○	○	○	○	○	○			

소리찾기를 하면서 읽는 것은 정확한 소리가 아니기 때문에 확인이 끝난 후에는 〈나〉를 지도자의 모범 소리로 들려주고 따라 읽게 한다. 손가락으로 짚으면서 반드시 글자를 보고 낱말 단위로 듣고 따라서 읽게 한다.

오늘은 ＿＿＿년 ＿＿월 ＿＿일 ＿요일입니다.
지금은 ＿＿＿년 ＿＿월 ＿＿일 ＿요일 ＿＿시입니다.
빈칸에 숫자를 써 주고 〈소리찾기〉 하며 읽게 한다.

◆ 소리 찾기와 받침 익히기 1

활동 1 소리찾기

〈아기〉를 소리찾기 하며 읽게 한다. 어린이가 묻지 않으면 글의 내용이나 낱말의 뜻을 지도하지 않는다. 묻는다 하더라도 그런 게 있다는 정도로만 알려 줄 뿐 오로지 소리찾기를 바르게 하면서 읽는지만 확인한다.

활동 2 받침이 있는 소리 구별하기

'ㅇ' 받침 중심으로 들려주고 어린이는 ○로 표시하게 한다. 어린이가 표시를 잘못하였더라도 정답을 알려 주지 않으며 표시한 상황을 해당 어린이의 지도 자료로 이용한다. 또 다른 어린이의 것을 보고 표시하지 않도록 한다.

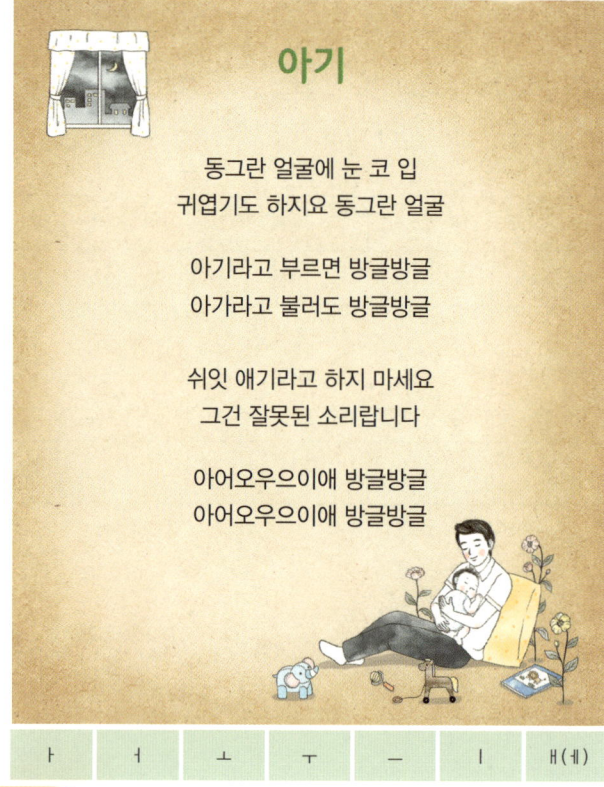

1. 소리찾기

아기

동그란 얼굴에 눈 코 입
귀엽기도 하지요 동그란 얼굴

아기라고 부르면 방글방글
아가라고 불러도 방글방글

쉬잇 애기라고 하지 마세요
그건 잘못된 소리랍니다

아어오우으이애 방글방글
아어오우으이애 방글방글

| ㅏ | ㅓ | ㅗ | ㅜ | ㅡ | ㅣ | ㅐ(ㅔ) |

56

지도자가 들려줄 소리

1	2	3	4	5
공	평	하	다	평
6	7	8	9	10
강	공	주	왕	자

어린이의 표시

1	2	3	4	5	6	7	8	9	10
○	○			○	○	○		○	

활동 3 받침소리 익히기

노	가	흐	스	따	코	사	키	토	으
농	강	흥	승	땅	콩	상	킹	통	응

4-1과정 소리찾기와 받침 익히기 1

2. 받침이 있는 소리 구별하기

1	2	3	4	5	6	7	8	9	10

3. 받침소리 익히기

노	가	흐	스	따	코	사	키	토	으
농	강	흥	승	땅	콩	상	킹	통	응

4. 받침이 있는 소리 구별하기

1	2	3	4	5	6	7	8	9	10

오늘은 (　　)년 (　)월 (　)일 (　　)요일입니다.
지금은 (　　)년 (　)월 (　)일 (　　)요일 (　)시입니다.

소리찾기를 하면서 글을 읽었나요? (지도자 확인)

57

〈아기〉 어린이용 56, 57쪽

〈방법 1〉

지도자: (칠판에 '노'를 쓰고)
지도자: 이 소리를 읽어 보세요.
어린이: 나너노 노.
지도자: (칠판에 '농'을 쓰고)
지도자: 이 글자의 받침은 어떤 것인가요?
어린이: 이 부분이 받침입니다('ㅇ'을 가리키며).
지도자: 받침 'ㅇ'의 소리를 잘 들어 보세요. 노-옹, 농.
지도자: 〈노-〉 하고 소리를 내다가 〈-옹〉 코를 울리면서 나오는 소리를 막습니다. (구강 그림에서 해당 부분을 가리키며) 따라서 해 봅시다. 노-옹.
어린이: 노-옹.
지도자: 이 글자를 읽을 때에는 '노-옹' 해도 되고 '옹' 해도 됩니다.

〈방법 2〉

지도자: (칠판에 '가'를 쓰고) 이 소리는 어떻게 날까요?
어린이: 가.
지도자: (칠판에 '강'을 쓰고) 이번에는 이렇게 소리 내어 보세요. '강아'에서 '아' 소리를 내지 마세요. 강아 강('아' 소리를 내지 않는다.)
어린이: 강아 강('아' 소리를 내지 않는다.)

〈흥, 승, 땅, 콩, 상, 킹, 통, 응〉도 두 가지 방법을 활용하여 지도한다.

활동 4 받침이 있는 소리 구별하기

지도자가 들려줄 소리

1	2	3	4	5	6	7	8	9	10
흐	상	킹	통	응	가	사	키	으	스

어린이의 표시

1	2	3	4	5	6	7	8	9	10
	○	○	○	○					

소리찾기를 하면서 읽는 것은 정확한 소리가 아니기 때문에 확인이 끝난 후에는 〈아기〉를 지도자의 모범 소리로 들려주고 따라 읽게 한다. 손가락으로 짚으면서 반드시 글자를 보고 낱말 단위로 듣고 따라서 읽게 한다.

오늘은 ＿＿＿년 ＿월 ＿일 ＿요일입니다.
지금은 ＿＿＿년 ＿월 ＿일 ＿요일 ＿시입니다.
빈칸에 숫자를 써 주고 〈소리찾기〉 하며 읽게 한다.

※ 악보 〈아기〉 참고

4-2과정
소리찾기와 받침 익히기 2

5분 이내에 주어진 글을 읽을 수 있다.

차시	주제	소리찾기	받침 지도 2	어린이용 쪽수	지도자용 쪽수
1	속담 2	○	· 받침소리 구별하기 복습(귀) · 'ㅂ' 받침 소리 익히기(입) · 'ㅂ' 받침이 있는 소리 구별하기	60, 61	80
2	바구니	○	· 받침소리 구별하기 복습(귀) · 받침소리 익히기 복습(입) · 받침소리 구별하기 복습(귀)	62, 63	82
3	시장에 갔더니	○	· 받침소리 구별하기 복습(귀) · 받침소리 익히기 복습(입) · 받침소리 구별하기 복습(귀)	64, 65	84
4	우리 지구	○	· 받침이 있는 소리 구별하기(귀) · 'ㄷ' 받침소리 익히기(입) · 'ㄷ' 받침이 있는 소리 구별하기	66, 67	86
5	마차	○	· 받침이 있는 소리 구별하기(귀) · 'ㄷ'처럼 소리 나는 받침(입) · 'ㄷ'처럼 소리 나는 받침(귀)	68, 69	88

◆ 소리 찾기와 받침 익히기 2

활동 1 소리찾기

〈속담 2〉를 소리찾기 하며 읽게 한다. 어린이가 묻지 않으면 글의 내용이나 낱말의 뜻을 지도하지 않는다. 묻는다 하더라도 그런 게 있다는 정도로만 알려 줄 뿐 오로지 소리찾기를 바르게 하면서 읽는지만 확인한다.

능숙해져서 손가락으로 짚지 않고도 소리찾기를 할 수 있으면 해당 소리를 바로 내도록 한다. 그러나 지도자는 어린이가 소리찾기를 하는지 잘 살펴야 한다. 아는 글자라 할지라도 반드시 소리찾기를 통해 읽도록 지도해야 한다.

활동 2 받침이 있는 소리 구별하기

'ㅂ' 받침 중심으로 들려주고 어린이는 ○로 표시하게 한다. 어린이가 표시를 잘못하였더라도 정답을 알려 주지 않으며 표시한 상황을 해당 어린이의 지도 자료로 이용한다.

속담 2

가는 말이 고와야 오는 말이 곱다
개구리 올챙이 적 생각 못한다
개천에서 용 난다
고래 싸움에 새우 등 터진다
낮말은 새가 듣고 밤말은 쥐가 듣는다
달걀로 바위 치기

도토리 키 재기
될 성부른 나무는 떡잎부터 알아본다
등잔 밑이 어둡다
땅 짚고 헤엄치기
미운 아이 떡 하나 더 준다
바늘 도둑이 소 도둑 된다
발 없는 말이 천 리 간다

| ㅏ | ㅓ | ㅗ | ㅜ | ㅡ | ㅣ | ㅐ(ㅔ) |

지도자가 들려줄 소리

1	2	3	4	5	6	7	8	9	10
고	잎	업	퓌	쉬	믜	갑	뽑	예	쁘

어린이의 표시

1	2	3	4	5	6	7	8	9	10
	○	○				○	○		

활동 3 받침소리 익히기

고	이	두	지	커	바	라	어	토	브
곱	잎	둡	짚	컵	밥	랍	없	톱	븝

〈방법 1〉

지도자: (칠판에 '고'를 쓰고)
지도자: 이 소리를 읽어 보세요.
어린이: 가거고 고.
지도자: (칠판에 '곱'을 쓰고)
지도자: 이 글자의 받침은 어떤 것인가요?
어린이: 이 부분이 받침입니다('ㅂ'을 가리키며).

4-2과정 소리찾기와 받침 익히기 2

2. 받침이 있는 소리 구별하기

1	2	3	4	5	6	7	8	9	10

3. 받침소리 익히기

고	이	두	지	커	바	라	어	토	브
곱	잎	둡	짚	컵	밥	랍	없	톱	븝

4. 받침이 있는 소리 구별하기

1	2	3	4	5	6	7	8	9	10

오늘은 (　)년 (　)월 (　)일 (　)요일입니다.
지금은 (　)년 (　)월 (　)일 (　)요일 (　)시입니다.

소리찾기를 하면서 글을 읽었나요? (지도자 확인)

61

〈속담 2〉 어린이용 60, 61쪽

지도자: 〈고–〉 하고 소리를 내다가 〈–옵〉 위아래 입술을 강하게 붙이며 나오는 소리를 막습니다. (구강 그림에서 입술 부분을 가리키며) 따라서 해 봅시다. 고–옵.
어린이: 고–옵.
지도자: 이 글자를 읽을 때는 '고–옵' 해도 되고 '옵' 해도 됩니다.

〈방법 2〉

지도자: (칠판에 '이'를 쓰고) 이 소리는 어떻게 날까요?
어린이: 이.
지도자: (칠판에 '잎'을 쓰고) 이번에는 이렇게 소리 내어 보세요. '입파'에서 '파' 소리를 내지 마세요. 입파 입('파' 소리를 내지 않는다.)
어린이: 입파 입('파' 소리를 내지 않는다.)

〈둡, 짚, 컵, 밥, 랍, 없, 톱, 븝〉도 두 가지 방법을 활용하여 지도한다.

활동 4 받침이 있는 소리 구별하기

〈활동 3〉에서 익힌 소리들만을 들려주고 표시하게 한다.

지도자가 들려줄 소리

1	2	3	4	5	6	7	8	9	10
짚	컵	븝	랍	톱	이	밥	브	이	어

어린이의 표시

1	2	3	4	5	6	7	8	9	10
○	○	○	○	○		○			

소리찾기를 하면서 읽는 것은 정확한 소리가 아니기 때문에 확인이 끝난 후에는 〈속담 2〉를 지도자의 모범 소리로 들려주고 따라 읽게 한다. 손가락으로 짚으면서 반드시 글자를 보고 낱말 단위로 듣고 따라서 읽게 한다.

오늘은 ____년 __월 __일 _요일입니다.
지금은 ____년 __월 __일 _요일 __시입니다.
빈칸에 숫자를 써 주고 〈소리찾기〉 하며 읽게 한다.

◆ 소리 찾기와 받침 익히기 2

활동 1 소리찾기

〈바구니〉를 소리찾기 하며 읽게 한다. 이 글은 자음 'ㅂ'의 모양과 소리를 쉽게 연결시키기 위해 만든 지도 자료를 소재로 하여 지은 것이다. 글의 내용은 따로 지도하지 않고 오로지 소리찾기를 바르게 하면서 읽는지만 확인한다.

활동 2 받침이 있는 소리 구별하기

그동안 익힌 'ㄱ, ㄴ, ㄹ, ㅁ, ㅇ, ㅂ' 받침소리를 복습하는 활동이다. 어린이가 표시를 잘못하였더라도 정답을 알려 주지 않으며 표시한 상황을 해당 어린이의 지도 자료로 이용한다. 또 다른 어린이의 것을 보고 표시하지 않도록 한다. 받침소리를 바르게 구별하는 능력에 앞서 어린이가 해당 소리에 받침이 있다고 생각하는지 없다고 생각하는지 판단하는 것이 중요하다. 이 판단을 바르게 할 수 있어야 받침이 있는 소리와 없는 소리를 바르게 구별하는 힘이 생긴다.

1. 소리찾기

바구니

바구니 들고 오시는 할머니
뭐가 있는지 멍멍이도 알아요
사알짝 보이네요
바구니 속이 보이네요

과일을 담으면 과일바구니
꽃을 담으면 꽃바구니
무지개다리에 바구니를 매달자
무지개바구니 쌍바구니

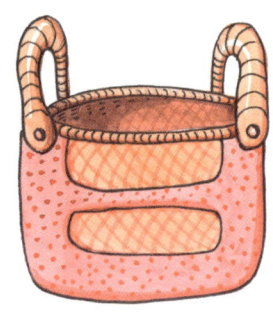

바구니 들고 오시는 어머니
뭐가 있는지 고양이도 알아요
사알짝 보이네요
바구니 속이 보이네요

빨래를 담으면 빨래바구니
옷을 담으면 옷바구니
무지개다리에 바구니를 매달자
무지개바구니 쌍바구니

| ㅏ | ㅓ | ㅗ | ㅜ | ㅡ | ㅣ | ㅐ(ㅔ) |

62

지도자: 선생님의 소리를 듣고 받침이 있는 소리에 ○표 하세요. 1번 소리입니다. 〈바〉. 이 소리가 받침이 있다고 생각되면 1번 아래 칸에 ○표 하세요. 받침이 없다고 생각되면 아무런 표시도 하지 마세요. 다시 들려주겠습니다. 〈바〉.
지도자: 2번 소리입니다. 〈구〉. 친구 것을 보고 하지 마세요. 자신이 판단해야 합니다. 한 번 더 들려줍니다. 〈구〉.
지도자: 3번 소리입니다. 두 번 들려주겠습니다. 니, 니.

이하 소리도 같은 방법으로 들려준다.

지도자가 들려줄 소리

1	2	3	4	5	6	7	8	9	10
바	구	니	장	보	고	살	짝	별	꽃

어린이의 표시

1	2	3	4	5	6	7	8	9	10
			○			○	○	○	○

활동 3 받침소리 익히기

드	자	하	머	야	다	벼	며	싸	짜
들	장	할	멍	양	담	벌	면	쌍	짝

4-2과정 소리찾기와 받침 익히기 2

2. 받침이 있는 소리 구별하기

1	2	3	4	5	6	7	8	9	10

3. 받침소리 익히기

드	자	하	머	야	다	벼	며	싸	짜
들	장	할	멍	양	담	별	면	쌍	짝

4. 받침이 있는 소리 구별하기

1	2	3	4	5	6	7	8	9	10

어제는 (　)년 (　)월 (　)일 (　)요일이었습니다.
오늘은 (　)년 (　)월 (　)일 (　)요일입니다.
내일은 (　)년 (　)월 (　)일 (　)요일입니다.

소리찾기를 하면서 글을 읽었나요? (지도자 확인)

63

〈바구니〉 어린이용 62, 63쪽

활동 4 받침이 있는 소리 구별하기

〈활동 3〉에서 익힌 소리들만을 들려주고 표시하게 한다.

지도자가 들려줄 소리

1	2	3	4	5
야	면	별	쌍	짝
6	7	8	9	10
하	싸	머	자	드

어린이의 표시

1	2	3	4	5
	○	○	○	○
6	7	8	9	10

소리찾기를 하면서 읽는 것은 정확한 소리가 아니기 때문에 확인이 끝난 후에는 〈바구니〉를 지도자의 모범 소리로 들려주고 따라 읽게 한다. 손가락으로 짚으면서 반드시 글자를 보고 낱말 단위로 듣고 따라서 읽는다.

어제는 ＿＿＿년 ＿＿월 ＿＿일 ＿요일이었습니다.
오늘은 ＿＿＿년 ＿＿월 ＿＿일 ＿요일입니다.
내일은 ＿＿＿년 ＿＿월 ＿＿일 ＿요일입니다.
빈칸에 숫자와 말을 써 주고 〈소리찾기〉하며 읽게 한다.

〈어제 · 오늘 · 내일, 작년 · 올해 · 내년, 몇 달 전, 얼마 전, 몇 년 후〉 같이 시간을 나타내는 말은 입문기의 어린이들에게 한두 번의 설명으로는 이해시키기 어려운 추상적인 낱말이다. 〈지금〉을 중심으로 과거와 미래로 확대되어 시간은 개인의 성장에 따라 그 폭이 넓어지고 복잡해진다. 감정이 추상적인 용어라고는 하지만 대부분 현재와 함께 설명될 수 있다는 점에서 보면 시간을 나타내는 말보다 접근이 더 쉽다고 볼 수 있다.

과거, 현재, 미래로 이어지는 시간은 한두 번의 자각으로는 바르게 인지하기 어려운 요소이다. 시간에 대한 말들을 지속적으로 노출시키며 구체적으로 인지할 수 있도록 하기 위해 매 차시 〈오늘–지금〉을 소리 내어 보도록 하였고, 이 차시부터는 〈어제 오늘 내일〉을 소리 내어 보도록 하였다. 여기서는 시간에 대한 공부를 하는 것은 아니므로 어린이의 질문이 있을 때는 적절히 응답해 주고 오로지 소리찾기를 하도록 지도한다.

※ 악보 〈바구니〉 참고

◆ 소리 찾기와 받침 익히기 2

활동 1	소리찾기

〈시장에 갔더니〉를 소리찾기 하며 읽게 한다. 어린이가 묻지 않으면 글의 내용이나 낱말의 뜻을 지도하지 않는다. 묻는다 하더라도 그런 게 있다는 정도로만 알려 줄 뿐 오로지 소리찾기를 바르게 하면서 읽는지만 확인한다. 〈에, 게, 세〉의 소리를 〈어, 거, 서〉로 소리찾기 하지 않도록 지도한다. 〈ㅔ〉를 〈ㅓ〉와 〈ㅣ〉로 분리하지 않고 〈ㅔ〉 하나의 소리로 파악해야 하고 맨 끝에 있음을 알고 있는지 확인한다.

활동 2	받침이 있는 소리 구별하기

그동안 익힌 'ㄱ, ㄴ, ㄹ, ㅁ, ㅇ, ㅂ' 받침을 복습하는 활동이다.

지도자가 들려줄 소리

1	2	3	4	5
샐	쭉	웃	으	며
6	**7**	**8**	**9**	**10**
애	교	떨	며	앵

어린이의 표시

1	2	3	4	5	6	7	8	9	10
○	○	○				○	○		○

활동 3	받침소리 익히기

차	이	애	따	서	시	그	고	드	떠
창	일	앵	딸	석	신	금	곡	들	떨

〈방법 1〉

지도자: (칠판에 '차'를 쓰고)
지도자: 이 소리를 읽어 보세요.
어린이: 자.
지도자: (칠판에 '창'을 쓰고)
지도자: 이 글자의 받침은 어떤 것인가요?
어린이: 이 부분이 받침입니다('ㅇ'을 가리키며).

1. 소리찾기

시장에 갔더니

과일 가게에 갔는데
사과 배 감 앵두 딸기 석류가
자주 오신다고
방글방글 웃으며 "어서 오세요"

야채 가게에 들어갔더니
시금치 쪽파 토란 부추 감자 고구마가
왜 이렇게 뜸하냐고
샐쭉 웃으며 "어서 오세요"

곡식 가게에 들어섰더니
쌀 보리 콩 팥 수수 조 옥수수가
우리 가게에도 자주 들러 주라고
애교 떨며 "어서 오세요"

ㅏ	ㅓ	ㅗ	ㅜ	ㅡ	ㅣ	ㅐ(ㅔ)

4-2과정 소리찾기와 받침 익히기 2

2. 받침이 있는 소리 구별하기

1	2	3	4	5	6	7	8	9	10

3. 받침소리 익히기

차	이	애	따	서	시	그	고	드	떠
창	일	앵	딸	석	신	금	곡	들	떨

4. 받침이 있는 소리 구별하기

1	2	3	4	5	6	7	8	9	10

어제는 (　　)년 (　)월 (　)일 (　)요일이었습니다.
오늘은 (　　)년 (　)월 (　)일 (　)요일입니다.
내일은 (　　)년 (　)월 (　)일 (　)요일입니다.

소리찾기를 하면서 글을 읽었나요? (지도자 확인)

65

〈시장에 갔더니〉 어린이용 64, 65쪽

지도자: 받침 'ㅇ'의 소리를 잘 들어 보세요. 차–앙, 창.
지도자: 〈차–〉 하고 소리를 내다가 〈–앙〉 콧소리를 내며 나오는 막습니다. (구강 그림에서 해당 부분을 가리키며) 따라서 해 봅시다. 차–앙.
어린이: 차–앙.
지도자: 이 글자를 읽을 때에는 '차–앙' 해도 되고 '창' 해도 됩니다.

〈방법 2〉

지도자: (칠판에 '이'를 쓰고) 이 소리는 어떻게 날까요?
어린이: 이.
지도자: (칠판에 '일'을 쓰고) 이번에는 이렇게 소리 내어 보세요. '일라'에서 '라' 소리를 내지 마세요. 일라 일('라' 소리를 내지 않는다.)
어린이: 일라 일('라' 소리를 내지 않는다.)

〈앵 딸 석 신 금 곡 들 떨〉도 두 가지 방법을 활용하여 지도한다.

활동 4 받침이 있는 소리 구별하기

〈활동 3〉에서 익힌 소리들만을 들려주고 표시하게 한다.

지도자가 들려줄 소리

1	2	3	4	5	6	7	8	9	10
차	신	석	앵	떠	창	들	따	그	이

어린이의 표시

1	2	3	4	5	6	7	8	9	10
	○	○	○		○	○			

소리찾기를 하면서 읽는 것은 정확한 소리가 아니기 때문에 확인이 끝난 후에는 〈시장에 갔더니〉를 지도자의 모범 소리로 들려주고 따라 읽게 한다. 손가락으로 짚으면서 반드시 글자를 보고 낱말 단위로 듣고 따라서 읽게 한다.

어제는 ＿＿＿년 ＿＿월 ＿＿일 ＿요일이었습니다.
오늘은 ＿＿＿년 ＿＿월 ＿＿일 ＿요일입니다.
내일은 ＿＿＿년 ＿＿월 ＿＿일 ＿요일입니다.

빈칸에 숫자와 말을 써 주고 〈소리찾기〉 하며 읽게 한다. 여기서는 시간에 대한 공부를 하는 것은 아니므로 어린이쪽 질문이 있을 때는 적절히 응답해 주고 오로지 소리찾기로 읽도록 한다.

◆ 소리 찾기와 받침 익히기 2

활동 1 소리찾기

〈우리 지구〉를 소리찾기 하며 읽게 한다. 어린이가 묻지 않으면 글의 내용이나 낱말의 뜻을 지도하지 않는다. 묻는다 하더라도 그런 게 있다는 정도로만 알려 줄 뿐 오로지 소리찾기를 바르게 하면서 읽는지만 확인한다. 능숙해져서 손가락으로 짚지 않고도 소리찾기를 할 수 있으면 해당 소리를 바로 내도록 한다. 그러나 지도자는 어린이가 소리찾기를 하는지 잘 살펴야 한다. 아는 글자라 할지라도 반드시 소리찾기를 통해 읽도록 지도해야 한다.

활동 2 받침이 있는 소리 구별하기

그동안 익힌 'ㄱ, ㄴ, ㄹ, ㅁ, ㅇ, ㅂ' 받침을 복습하는 활동이다.

지도자가 들려줄 소리

1	2	3	4	5
유	럽	이	탈	리
6	7	8	9	10
아	파	키	스	탄

어린이의 표시

1	2	3	4	5	6	7	8	9	10
	○		○						○

활동 3 받침소리 익히기

수	수	비	비	비	머	도	도	어	어
숟	숱	빗	빚	빛	먼	돈	돛	엇	었

〈방법 1〉

지도자: (칠판에 '수'를 쓰고)
지도자: 이 소리를 읽어 보세요.
어린이: 수.
지도자: (칠판에 '숟'을 쓰고)
지도자: 이 글자의 받침은 어떤 것인가요?
어린이: 이 부분이 받침입니다('ㄷ'을 가리키며).
지도자: 받침 'ㄷ'의 소리를 잘 들어 보세요. 수-운, 숟.
지도자: 〈수-〉 하고 소리를 내다가 〈-운〉 혀를 치아 뒤에 조금 강하게 대면서 나오는 소리를 막습니다. (구강 그림에서 해당 부분을 가리키며) 따라서 해 봅시다. 수-운.
어린이: 수-운.
지도자: 이 글자를 읽을 때에는 '수-운' 해도 되고 '숟' 해도 됩니다.

---

1. 소리찾기

우리 지구

태평양 대서양 인도양 북극해 남극해
아시아 아메리카 유럽 아프리카 오세아니아

한국 미국 영국 중국 독일 프랑스
러시아 캐나다 스위스 스페인 일본
뉴질랜드 멕시코 페루 볼리비아 호주
인도 브라질 파키스탄 방글라데시

아이슬란드 필리핀 에티오피아 베트남
이집트 나이지리아 이란 콩고 그리스
네덜란드 노르웨이 덴마크 모나코
안도라 오스트리아 이탈리아 터키

| ㅏ | ㅓ | ㅗ | ㅜ | ㅡ | ㅣ | ㅐ(ㅔ) |

4-2과정 소리찾기와 받침 익히기 2

2. 받침이 있는 소리 구별하기

1	2	3	4	5	6	7	8	9	10

3. 받침소리 익히기

수	수	비	비	비	머	도	도	어	어
숲	숱	빗	빛	빛	먼	돋	돛	엇	었

4. 받침이 있는 소리 구별하기

1	2	3	4	5	6	7	8	9	10

어제는 (　)년 (　)월 (　)일 (　)요일이었습니다.
오늘은 (　)년 (　)월 (　)일 (　)요일입니다.
내일은 (　)년 (　)월 (　)일 (　)요일입니다.

소리찾기를 하면서 글을 읽었나요? (지도자 확인)

67

〈우리 지구〉 어린이용 66, 67쪽

지도자: (칠판에 '숱'을 쓰고)
지도자: 이 글자의 받침은 어떤 것인가요?
어린이: 이 부분이 받침입니다('ㅌ'을 가리키며).
지도자: 받침 'ㅌ'의 소리를 잘 들어 보세요. 수-읕, 숱.
지도자: 〈수-〉 하고 소리를 내다가 〈-읕〉 혀를 치아 뒤에 조금 강하게 대면서 나오는 소리를 막습니다. 수-읕, 숱.
어린이: 수-읕, 숱.
지도자: 'ㅌ' 받침은 'ㄷ'처럼 막으면 됩니다.
〈빗, 빛, 빛, 멋, 돋, 돛, 엇〉도 같은 방법으로 지도한다.

〈방법 2〉
지도자: (칠판에 '수'를 쓰고) 이 소리는 어떻게 날까요?
어린이: 수.
지도자: (칠판에 '숱'을 쓰고) 이번에는 이렇게 소리 내어 보세요. '숱타'에서 '타' 소리를 내지 마세요. 숱타 숱('타' 소리를 내지 않는다.)
어린이: 숱타 숱('타' 소리를 내지 않는다.)

〈빗, 빛, 빛, 멋, 돋, 돛, 엇〉도 두 가지 방법을 활용하여 지도한다.

활동 4 받침이 있는 소리 구별하기

〈활동 3〉에서 익힌 소리들만을 들려주고 표시하게 한다.

지도자가 들려줄 소리

1	2	3	4	5	6	7	8	9	10
비	빗	빛	빛	머	멋	흘	었	엊	미

어린이의 표시

1	2	3	4	5	6	7	8	9	10
	○	○	○		○			○	

 소리찾기를 하면서 읽는 것은 정확한 소리가 아니기 때문에 확인이 끝난 후에는 〈우리 지구〉를 지도자의 모범 소리로 들려주고 따라 읽게 한다. 손가락으로 짚으면서 반드시 글자를 보고 낱말 단위로 듣고 따라서 읽게 한다.

◆ 소리 찾기와 받침 익히기 2

활동 1 소리찾기

〈마차〉를 소리찾기 하며 읽게 한다. 어린이가 묻지 않으면 글의 내용이나 낱말의 뜻을 지도하지 않는다. 묻는다 하더라도 그런 게 있다는 정도로만 알려 줄 뿐 오로지 소리찾기를 바르게 하면서 읽는지만 확인한다. 능숙해져서 손가락으로 짚지 않고도 소리찾기를 할 수 있으면 해당 소리를 바로 내도록 한다. 그러나 지도자는 어린이가 소리찾기를 하는지 잘 살펴야 한다. 아는 글자라 할지라도 반드시 소리찾기를 통해 읽도록 지도해야 한다.

활동 2 받침이 있는 소리 구별하기

'ㄷ' 받침 중심으로 들려주고 어린이는 ○로 표시하게 한다. 'ㄱ, ㅋ, ㄲ, ㄴ, ㄹ, ㅁ, ㅂ, ㅍ, ㅇ'을 제외한 모든 받침이 'ㄷ'처럼 막아지는 소리이다. 'ㄷ, ㅌ, ㅅ, ㅆ, ㅈ, ㅊ, ㅉ, ㅎ' 받침은 'ㄷ'처럼 막아짐을 지도한다. 'ㅎ' 받침은 뒤에 이어지는 소리에 따라 달라지나 이 시기에는 'ㄷ' 받침처럼 막게 해도 된다.

1. 소리찾기

마차

시원한 바람이 한들한들
마차를 타고 달려 봐요.

지붕이 있어야 햇빛을 가리고
비바람 막아 주지요.
지붕을 받치는 두 개의 기둥과
튼튼한 바닥이 필요해요.
못이 헐렁하면 바퀴가 빠지고
사람도 다쳐서 큰일 나요.

너무 빠르면 자세히 못 보고
너무 느리면 많이 못 봐.

말발굽 소리도 따그닥 따그닥
마차를 타고 달려 봐요.

| ㅏ | ㅓ | ㅗ | ㅜ | ㅡ | ㅣ | ㅐ(ㅔ) |

지도자: 선생님의 소리를 듣고 받침이 있는 소리에 ○표 하세요. 1번 소리입니다. 〈숟〉. 이 소리가 받침이 있다고 생각되면 1번 아래 칸에 ○표 하세요. 받침이 없다고 생각되면 아무런 표시도 하지 마세요. 다시 들려주겠습니다. 〈숟〉.
지도자: 2번 소리입니다. 〈가〉. 친구 것을 보고 하지 마세요. 자신이 판단해야 합니다. 한 번 더 들려줍니다. 〈가〉.
지도자: 3번 소리입니다. 두 번 들려주겠습니다. 락, 락.

이하 소리도 같은 방법으로 들려준다.

지도자가 들려줄 소리

1	2	3	4	5	6	7	8	9	10
숟	가	락	말	벗	해	돋	이	풀	밭

어린이의 표시

1	2	3	4	5	6	7	8	9	10
○		○	○	○		○		○	○

활동 3 받침소리 익히기

해	가	가	아	나	머	디	어	토	스
했	갔	갖	앉	낮	멎	딛	엇	톹	슷

4-2과정 소리찾기와 받침 익히기 2

〈마차〉 어린이용 68, 69쪽

2. 받침이 있는 소리 구별하기

1	2	3	4	5	6	7	8	9	10

3. 받침소리 익히기

해	가	가	아	나	머	디	어	토	스
했	갔	갖	앉	낮	멎	딛	엊	톳	슷

4. 받침이 있는 소리 구별하기

1	2	3	4	5	6	7	8	9	10

어제는 (　　)년 (　)월 (　)일 (　　)요일이었습니다.
오늘은 (　　)년 (　)월 (　)일 (　　)요일입니다.
내일은 (　　)년 (　)월 (　)일 (　　)요일입니다.

소리찾기를 하면서 글을 읽었나요? (지도자 확인)

69

〈방법 1〉
지도자: (칠판에 '해'를 쓰고)
지도자: 이 소리를 읽어 보세요.
어린이: 해.
지도자: (칠판에 '했'을 쓰고)
지도자: 이 글자의 받침은 어떤 것인가요?
어린이: 이 부분이 받침입니다('ㅆ'을 가리키며).
지도자: 받침 'ㅆ'의 소리를 잘 들어 보세요. 해-앧, 핻.
지도자: 〈해-〉 하고 소리를 내다가 〈-앧〉 혀를 치아 뒤에 조금 강하게 대면서 나오는 소리를 막습니다. (구강 그림에서 해당 부분을 가리키며) 따라서 해 봅시다. 해-앧.
어린이: 해-앧.
지도자: 이 글자를 읽을 때에는 '해-앧' 해도 되고 '핻' 해도 됩니다.
지도자: (칠판에 '갖'을 쓰고)
지도자: 이 글자의 받침은 어떤 것인가요?
어린이: 이 부분이 받침입니다('ㅊ'을 가리키며).
지도자: 받침 'ㅊ'의 소리를 잘 들어 보세요. 가-앋, 갇.
지도자: 〈가-〉 하고 소리를 내다가 〈-앋〉 혀를 치아 뒤에 조금 강하게 대면서 나오는 소리를 막습니다. 가-앋, 갇.
어린이: 가-앋, 갇.
지도자: 'ㅊ' 받침도 'ㄷ'처럼 막으면 됩니다.

〈방법 2〉
지도자: (칠판에 '가'를 쓰고) 이 소리는 어떻게 날까요?
어린이: 가.
지도자: (칠판에 '갖'을 쓰고) 이번에는 이렇게 소리 내어 보세요. '갇차'에서 '차' 소리를 내지 마세요. 갇차 갇('차' 소리를 내지 않는다.)
어린이: 갇차 갇('차' 소리를 내지 않는다.)
〈갔, 앉, 낮, 멎, 엊, 톳, 슷〉도 두 가지 방법을 활용하여 지도한다.

활동 4 받침이 있는 소리 구별하기

〈활동 3〉에서 익힌 소리들만을 들려주고 표시하게 한다.

지도자가 들려줄 소리

1	2	3	4	5	6	7	8	9	10
핻	엊	코	콧	여	엿	마	맛	토	톳

어린이의 표시

1	2	3	4	5	6	7	8	9	10
○	○		○		○		○		○

소리찾기를 하면서 읽는 것은 정확한 소리가 아니기 때문에 확인이 끝난 후에는 〈마차〉를 지도자의 모범 소리로 들려주고 따라 읽게 한다. 손가락으로 짚으면서 반드시 글자를 보고 낱말 단위로 듣고 따라서 읽게 한다.

※ 악보 〈마차〉 참고

4-3과정

소리찾기와 받침 익히기 3

5분 이내에 주어진 글을 읽을 수 있다.

차시	주제	소리찾기	받침 지도 3	어린이용 쪽수	지도자용 쪽수
1	나 어릴 적	○	· 한 글자 씩 읽기 · 빨리 읽기와 쓰기(연음 지도)	72, 73	92
2	우주와 별	○	· 한 글자 씩 읽기 · 빨리 읽기와 쓰기(연음 지도)	74, 75	94
3	라이터	○	· 한 글자 씩 읽기 · 빨리 읽기와 쓰기(연음 지도)	76, 77	96
4	식물 이름	○	· 한 글자 씩 읽기 · 빨리 읽기와 쓰기(연음 지도)	78, 79	98
5	의좋은 형제	○	· 한 글자 씩 읽기 · 빨리 읽기와 쓰기(연음 지도)	80, 81	100
6	꿈꾸는 새싹	○	· 한 글자 씩 읽기 · 빨리 읽기와 쓰기(연음 지도)	82, 83	102

◆ 소리 찾기와 받침 익히기 3

활동 1 소리찾기와 한 글자씩 읽기

〈나 어릴 적〉을 소리찾기 하며 읽게 한다. 능숙해져서 손가락으로 짚지 않고도 소리찾기를 할 수 있으면 한 글자씩 받침소리까지 정확하게 읽도록 지도한다. 4-3 과정에서는 받침소리까지 정확하게 낼 수 있어야 한다. 글을 읽은 후에는 내용에 대해 알아보고 한 글자씩 읽는 시간을 재서 기록해 둔다.

활동 2 받침소리 익히기

지도자: (해당 소리를 짚으며 받침을 정확히 붙여 읽게 한다. 4-1과정 4-2과정에서 익혔던 방법대로 소리내도록 지도한다.)
어린이: 해 핸 해 햄 해 핵 해 행 헤 헷 헤 헬 헤 헵 헤 헥 헤 헵 해 핸 (해당 소리를 짚으며).

활동 3 빨리 읽기와 쓰기

---

1. 소리찾기와 한 글자씩 읽기

나 어릴 적

나 어릴 적 말을 배울 때
해바라기를 할아버지라고 했대요.
어떻게 해서 해바라기를 할아버지라고 했을까요.

노오란 해바라기를 보면
눈도 코도 작은 나를
귀엽고 예쁘다고 하신 할아버지가 생각나요.

나 어릴 적 말을 배울 때
크레파스를 큰버레시라고 했대요.
어떻게 해서 크레파스를 큰버레시라고 했을까요.

노오란 크레파스를 보면
눈도 코도 작은 나를
귀엽고 예쁘다고 하신 큰아버지가 생각나요.

| ㅏ | ㅓ | ㅗ | ㅜ | ㅡ | ㅣ | ㅐ(ㅔ) |

72

글을 유창하게 읽으려면 정확도와 속도가 중요하다.

정확하게 읽기 위해서는 먼저 한 글자씩 읽도록 해야 한다. 한 글자씩 정확하게 읽는 것을 확인한 후에 빨리 읽기를 지도하고 시간도 기록한다. 연음이 되는 낱말을 지도할 때 어린이들에게 〈연음〉을 사용하지 않고 〈빨리 읽을 때〉라는 말로 지도한다. 〈빨리 읽기〉의 지도 방법은 다음과 같다.

(1) 〈말을〉 빨리 읽기 지도

1. 빈 종이에 〈마으〉를 쓴다. 〈마으〉를 소리내는지 확인한 후, 'ㄹ' 2개를 준비하여,
2. 'ㄹ'을 〈마〉 아래에 놓고, 또 'ㄹ'을 '으' 아래에 놓으며 한 글자씩 소리내게 한다. 〈말라〉에서 〈라〉를 소리내지 않는다. 〈을라〉에서 〈라〉를 소리내지 않는다.
3. '말' 다음 글자의 초성에 'ㅇ'이 있을 때는 'ㄹ'이 'ㅇ'의 자리로 옮겨간다. 한 글자씩 읽을 때는 〈말을〉로 소리내고, 빨리 읽을 때는 〈마를〉이라고 소리 낸다.
4. 할아버지, 했을까요, 큰아버지 등의 낱말도 위와 같이 지도 한다.

4-3과정 소리찾기와 받침 익히기 3

2. 받침소리 익히기

해	해	해	해	헤	헤	헤	헤	해	해
핸	햄	핵	행	헷	헬	헵	헥	햅	헨

3. 빨리 읽기와 쓰기

한 글자씩 읽기	빨리 읽기	쓰기
말을	말을	말을
할아버지	할아버지	할아버지
했을까요	했을까요	했을까요
큰아버지	큰아버지	큰아버지

어제는 (　)년 (　)월 (　)일 (　)요일이었습니다.
오늘은 (　)년 (　)월 (　)일 (　)요일입니다.
내일은 (　)년 (　)월 (　)일 (　)요일입니다.

– 총 글자 수 : 168자
– 한 글자씩 읽기에 걸린 시간 : (　　　)
– 빨리 읽기에 걸린 시간 : (　　　)

73

※ 악보 〈나 어릴 적〉 참고

〈나 어릴 적〉 어린이용 72, 73쪽

(2) 〈말을〉 쓰기 지도

받아쓰기를 할 때는 되도록 의미 파악이 쉬운 문장이나 구의 형태로 들려주는 것이 좋은데 앞의 활동에서 익힌 낱말을 중심으로 들려주고 쓰게 한다. 불러줄 때는 〈빨리 읽기〉로 불러주고 쓸 때는 〈한 글자씩 읽기〉처럼 쓴다. 쓰기를 마친 후에는 어린이에게 바르게 썼는지 살펴보게 한다.

지도자 : 〈마를 배울 때〉라고 들려준다.
어린이 : 〈말을 배울 때〉라고 쓴다.

받아쓰기를 할 때에는 띄어쓰기나 획의 순서와 모양에 유의해서 쓰도록 지도한다.

■ 본문을 빨리 읽게 하고 걸린 시간을 기록한다.

– 총 글자 수 : 168자
– 한 글자씩 읽기에 걸린 시간 : (　　　)
– 1 분간 평균 글자 수 : (　　　)
– 빨리 읽기에 걸린 시간 : (　　　)
– 1 분간의 평균 글자 수 : (　　　)

◆ 소리 찾기와 받침 익히기 3

활동 1 소리찾기와 한 글자씩 읽기

〈우주와 별〉을 소리찾기 하며 읽게 한다.

능숙해져서 손가락으로 짚지 않고도 소리찾기를 할 수 있으면 한 글자씩 받침소리까지 정확하게 읽도록 지도한다. 4-3 과정에서는 받침소리까지 정확하게 낼 수 있어야 한다. 글을 읽은 후에는 내용에 대해 알아보고 한 글자씩 읽는 시간을 재서 기록해 둔다.

활동 2 받침소리 익히기

지도자: (해당 소리를 짚으며 받침을 정확히 붙여 읽게 한다. 4-1과정 4-2과정에서 익혔던 방법대로 소리내도록 지도한다.)
어린이: 가 각 가 간 가 갇 가 갈 가 감 가 갑 가 강 가 갇 가 갓 가 갔(해당 소리를 짚으며).

활동 3 빨리 읽기와 쓰기

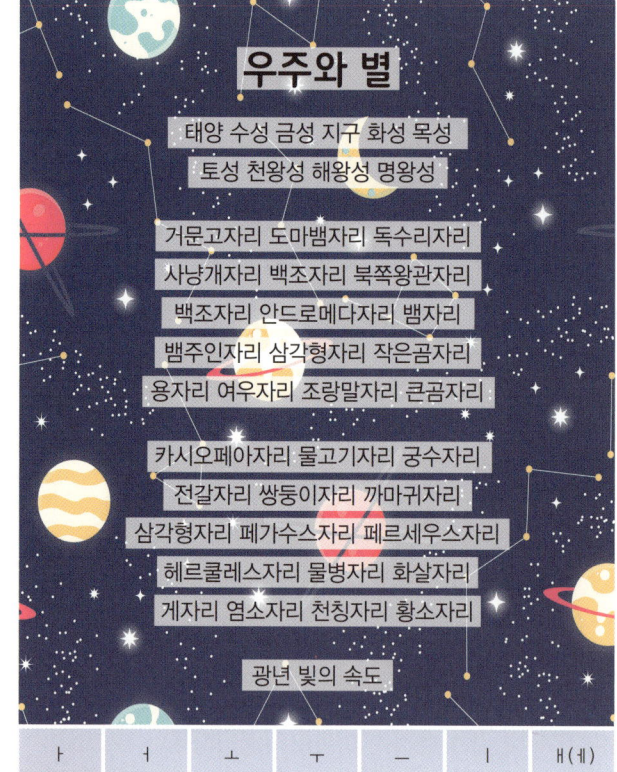

글을 유창하게 읽으려면 정확도와 속도가 중요하다. 정확하게 읽기 위해서는 먼저 한 글자씩 읽도록 해야 한다. 한 글자씩 정확하게 읽는 것을 확인한 후에 빨리 읽기를 지도하고 시간도 기록한다. 연음이 되는 낱말을 지도할 때 어린이들에게 〈연음〉을 사용하지 않고 〈빨리 읽을 때〉라는 말로 지도한다. 〈빨리 읽을 때〉의 지도 방법은 다음과 같다.

(1) 〈천왕성〉 빨리 읽기 지도

1. 빈 종이에 '처와서'를 쓴다. '처와서'를 소리내는지 확인한 후, 'ㄴ, ㅇ, ㅇ'을 준비하여,
2. 'ㄴ'을 '처' 아래에 놓고, 'ㅇ'을 '와' 아래에, 'ㅇ'을 '서' 아래에 놓으며 한 글자씩 소리내게 한다. '천나'에서 '나'를 소리내지 않는다. '왕아'에서 '아'를 소리내지 않는다. '성아'에서 '아'를 소리내지 않는다. '천왕성'을 한 글자씩 소리내도록 한다.
3. '천' 다음 글자의 초성에 'ㅇ'이 있을 때는 'ㄴ'이 'ㅇ'의 자리로 옮겨간다. '왕'의 'ㅇ'은 다음 글자의 초성이 'ㅇ'이어도 옮겨가지 않는다. 한 글자씩 읽을 때는 '천왕성'으로 소리내고, 빨리 읽을 때는 '처낭성'이라고 소리 낸다.
4. 명왕성, 작은곰자리, 빛의 속도 등의 낱말도 위와 같이 지도한다.
5. 잉어, 농업, 방안에서 등의 낱말도 '명왕성'처럼 지도한다.
6. 산업, 집안을, 졸업 등의 낱말은 '천왕성'처럼 지도한다.

2. 받침소리 익히기

가	가	가	가	가	가	가	가	가	가
각	간	갇	갈	감	갑	강	같	갓	갔

3. 빨리 읽기와 쓰기

한 글자씩 읽기	빨리 읽기	쓰기
천왕성	천왕성	천왕성
명왕성	명왕성	명왕성
작은곰자리	작은곰자리	작은곰자리
빛의 속도	빛의 속도	빛의 속도

어제는 ( )년 ( )월 ( )일 ( )요일이었습니다.
오늘은 ( )년 ( )월 ( )일 ( )요일입니다.
내일은 ( )년 ( )월 ( )일 ( )요일입니다.

– 총 글자 수 : 186자
– 한 글자씩 읽기에 걸린 시간 : ( )
– 빨리 읽기에 걸린 시간 : ( )

〈우주와 별〉 어린이용 74, 75쪽

(2) 〈천왕성〉 쓰기 지도

받아쓰기를 할 때는 되도록 의미 파악이 쉬운 문장이나 구의 형태로 들려주는 것이 좋은데 앞의 활동에서 익힌 낱말을 중심으로 들려주고 쓰게 한다. 불러줄 때는 〈빨리 읽기〉로 불러주고 쓸 때는 〈한 글자씩 읽기〉 처럼 쓴다. 쓰기를 마친 후에는 어린이에게 바르게 썼는지 살펴보게 한다.

지도자 : 〈처놩성〉이라고 들려준다
어린이 : 〈천왕성〉이라고 쓴다.

받아쓰기를 할 때에는 띄어쓰기나 획의 순서와 모양에 유의해서 쓰도록 지도한다.

■ 본문을 빨리 읽게 하고 걸린 시간을 기록한다.

– 총 글자 수 : 186자
– 한 글자씩 읽기에 걸린 시간 : ( )
– 1 분간 평균 글자 수 : ( )
– 빨리 읽기에 걸린 시간 : ( )
– 1 분간 평균 글자 수 : ( )

◆ 소리 찾기와 받침 익히기 3

활동 1 소리찾기와 한 글자씩 읽기

〈라이터〉를 소리찾기 하며 읽게 한다. 능숙해져서 손가락으로 짚지 않고도 소리찾기를 할 수 있으면 한 글자씩 받침소리까지 정확하게 읽도록 지도한다. 4-3 과정에서는 받침소리까지 정확하게 낼 수 있어야 한다. 글을 읽은 후에는 내용에 대해 알아보고 한 글자씩 읽는 시간을 재서 기록해 둔다.

활동 2 받침소리 익히기

지도자: (해당 소리를 짚으며 받침을 정확히 붙여 읽게 한다. 4-1과정 4-2과정에서 익혔던 방법대로 소리내도록 지도한다.)
어린이: 비 빔 오 옷 느 늘 나 낫 바 발 라 랍 부 붓 고 공 하 학 치 칫(해당 소리를 짚으며).

활동 3 빨리 읽기와 쓰기

1. 소리찾기와 한 글자씩 읽기

라이터

캄캄한 밤에 불을 켜려고 라이터를 찾아요.
더듬 더듬 더듬
찾았다!
캄캄한 밤이라 아무 것도 안 보이는데
어떻게 라이터인 줄 알았을까요?

위아래 꺼끌꺼끌한 부분이 있어요 있어요.
만져 보니 꺼끌꺼끌한 게 라이터 맞아요 맞아요.
치크치크 레버를 당겨도 당겨도 불이 안 켜지네.
왜 불이 안 켜질까요? 왜 불이 안 켜질까요?

흔들흔들 흔들어 보니 액체 가스가 없네.
가스가 없으면 불이 안 켜지네.

라이터 모양을 잘 보아요.

| ㅏ | ㅓ | ㅗ | ㅜ | ㅡ | ㅣ | ㅐ(ㅔ) |

76

글을 유창하게 읽으려면 정확도와 속도가 중요하다.

정확하게 읽기 위해서는 먼저 한 글자씩 읽도록 해야 한다. 한 글자씩 정확하게 읽는 것을 확인한 후에 빨리 읽기를 지도하고 시간도 기록한다. 연음이 되는 낱말을 지도할 때 어린이들에게 〈연음〉을 사용하지 않고 〈빨리 읽을 때〉라는 말로 지도한다. 〈빨리 읽을 때〉의 지도 방법은 다음과 같다.

(1) 〈찾아요, 있어요, 맞아요〉 빨리 읽기 지도

1. 빈 종이에 '차아요'를 쓴다. '차아요'를 소리내는지 확인한 후, 'ㅈ'을 준비하여,
2. 'ㅈ'을 '차' 아래에 놓고 한 글자씩 소리내게 한다. '찬자'에서 '자'를 소리내지 않는다. '찾아요'를 한 글자씩 소리내도록 한다.
3. '찾' 다음 글자의 초성에 'ㅇ'이 있을 때는 'ㅈ'이 'ㅇ'의 자리로 옮겨간다. 한 글자씩 읽을 때는 '찾아요'로 소리내고, 빨리 읽을 때는 '차자요'라고 소리 낸다.
4. 있어요, 맞아요 등도 위와 같이 지도한다.

4-3과정 소리찾기와 받침 익히기 3

〈라이터〉 어린이용 76, 77쪽

2. 받침소리 익히기

버	버	버	벼	벼	파	마	차	러	떠
벗	벘	벛	볕	볐	팥	맞	찾	렇	떻

3. 빨리 읽기와 쓰기

한 글자씩 읽기	빨리 읽기	쓰기
캄캄한 밤에	캄캄한 밤에	캄캄한 밤에
찾아요	찾아요	찾아요
있어요	있어요	있어요
맞아요	맞아요	맞아요
없으면	없으면	없으면

어제는 (　)년 (　)월 (　)일 (　)요일이었습니다.
오늘은 (　)년 (　)월 (　)일 (　)요일입니다.
내일은 (　)년 (　)월 (　)일 (　)요일입니다.

- 총 글자 수 : 177자
- 한 글자씩 읽기에 걸린 시간 : (　　　)
- 빨리 읽기에 걸린 시간 : (　　　)

(2) 〈없으면〉 빨리 읽기 지도

1. 빈 종이에 '어으며'를 쓴다. '어으며'를 소리내는지 확인한 후, 'ㅂ, ㅅ'을 준비하여,
2. 'ㅂ, ㅅ'을 '어' 아래에 놓고 〈없〉을 〈업〉으로 소리내도록 한다.
3. '없' 다음 글자의 초성에 'ㅇ'이 있을 때는 앞에 있는 'ㅂ'은 그대로 남고 뒤에 있는 'ㅅ'이 'ㅇ'의 자리로 옮겨간다. 한 글자씩 읽을 때는 '없으면'으로 소리내고, 빨리 읽을 때는 '업스면'이라고 소리 낸다.
4. 받침이 두 개 있는 글자의 연음은 위와 같이 지도한다.

지도자 : 〈처낭성〉이라고 들려준다
어린이 : 〈천왕성〉이라고 쓴다.

받아쓰기를 할 때에는 띄어쓰기나 획의 순서와 모양에 유의해서 쓰도록 지도한다.

(3) 〈없으면〉 쓰기 지도

받아쓰기를 할 때는 되도록 의미 파악이 쉬운 문장이나 구의 형태로 들려주는 것이 좋은데 앞의 활동에서 익힌 낱말을 중심으로 들려주고 쓰게 한다. 불러줄 때는 〈빨리 읽기〉로 불러주고 쓸 때는 〈한 글자씩 읽기〉 처럼 쓴다. 쓰기를 마친 후에는 어린이에게 바르게 썼는지 살펴보게 한다.

지도자 : 〈업스면〉이라고 들려준다
어린이 : 〈없으면〉이라고 쓴다.

받아쓰기를 할 때에는 띄어쓰기나 획의 순서와 모양에 유의해서 쓰도록 지도한다.

■ **본문을 빨리 읽게 하고 걸린 시간을 기록한다.**

- 총 글자 수 : 186자
- 한 글자씩 읽기에 걸린 시간 : (　　　)
- 1 분간 평균 글자 수 : (　　　)
- 빨리 읽기에 걸린 시간 : (　　　)
- 1 분간 평균 글자 수 : (　　　)

※ 악보 〈라이터〉 참고

♦ 소리 찾기와 받침 익히기 3

활동 1 소리찾기와 한 글자씩 읽기

〈식물 이름〉을 소리찾기 하며 읽게 한다. 능숙해져서 손가락으로 짚지 않고도 소리찾기를 할 수 있으면 한 글자씩 받침소리까지 정확하게 읽도록 지도한다. 4-3 과정에서는 받침소리까지 정확하게 낼 수 있어야 한다. 글을 읽은 후에는 내용에 대해 알아보고 한 글자씩 읽는 시간을 재서 기록해 둔다.

활동 2 받침소리 익히기

지도자: (해당 소리를 짚으며 받침을 정확히 붙여 읽게 한다. 4-1과정 4-2과정에서 익혔던 방법대로 소리내도록 지도한다.)
어린이: 나 남 바 밥 조 종 기 길 벼 볕 지 집 자 장 나 난 가 감 여 옅(해당 소리를 짚으며).

1. 소리찾기와 한 글자씩 읽기

식물 이름

개나리 진달래 목련 벚꽃 철쭉 할미꽃 민들레 제비꽃
노루귀 앵초 자운영 히야신스 튤립 아카시아 메리골드

무궁화 능소화 나팔꽃 도라지꽃 맨드라미 장미 해바라기
백합 백일홍 원추리 접시꽃 패랭이 카네이션 금계국

개망초 물망초 봉숭아 채송화 칸나 글라디올러스 분꽃
국화 코스모스 고마리 구절초 용담 도깨비바늘

라벤더 방울꽃 으아리 꽃향유 억새 갈대 사르비아
부용화 매화 가랑코에 수선화 동백 시클라멘 신비디움

| ㅏ | ㅓ | ㅗ | ㅜ | ㅡ | ㅣ | ㅐ(ㅔ) |

78

활동 3 빨리 읽기와 쓰기

글을 유창하게 읽으려면 정확도와 속도가 중요하다. 정확하게 읽기 위해서는 먼저 한 글자씩 읽도록 해야 한다. 한 글자씩 정확하게 읽는 것을 확인한 후에 빨리 읽기를 지도하고 시간도 기록한다. 연음이 되는 낱말을 지도할 때 어린이들에게 〈연음〉을 사용하지 않고 〈빨리 읽을 때〉라는 말로 지도한다. 〈빨리 읽기〉의 지도 방법은 다음과 같다.

(1) 〈박에서, 밖에서, 부엌에서〉 빨리 읽기 지도

1. 빈 종이에 '바에서'를 쓴다. '바에서'를 소리내는지 확인한 후, 'ㄱ'을 준비하여,
2. 'ㄱ'을 '바' 아래에 놓고 한 글자씩 소리내게 한다. '박가'에서 '가'를 소리내지 않는다. '박에서'를 한 글자씩 소리내도록 한다.
3. '박' 다음 글자의 초성에 'ㅇ'이 있을 때는 'ㄱ'이 'ㅇ'의 자리로 옮겨간다. 한 글자씩 읽을 때는 '박에서'로 소리내고, 빨리 읽을 때는 '바게서'라고 소리 낸다.
4. 밖에서, 맞아요 등도 위와 같이 지도한다.
5. 한 글자씩 읽을 때는 '밖에서', 빨리 읽을 때는 '바께서'
6. 한 글자씩 읽을 때는 '맞아요', 빨리 읽을 때는 '마자요'로 소리내도록 한다.

4-3과정 소리찾기와 받침 익히기 3

2. 받침소리 익히기

가	가	가	가	가	꼬	나	라	마	바
갓	갔	갇	갖	같	꽃	났	랐	맛	밭

3. 빨리 읽기와 쓰기

한 글자씩 읽기	빨리 읽기	쓰기
박에서	박에서	박에서
밖에서	밖에서	밖에서
부엌에서	부엌에서	부엌에서
앉으시오	앉으시오	앉으시오
젊은이	젊은이	젊은이

어제는 (　)년 (　)월 (　)일 (　)요일이었습니다.
오늘은 (　)년 (　)월 (　)일 (　)요일입니다.
내일은 (　)년 (　)월 (　)일 (　)요일입니다.

- 총 글자 수 : 174자
- 한 글자씩 읽기에 걸린 시간 : (　　)
- 빨리 읽기에 걸린 시간 : (　　)

79

〈식물이름〉 어린이용 78, 79쪽

(2) 〈앉으시오〉 빨리 읽기 지도

1. 빈 종이에 '아으시오'를 쓴다. '아으시오'를 소리내는지 확인한 후, 'ㄴ, ㅈ'을 준비하여,
2. 'ㄴ, ㅈ'을 '아' 아래에 놓고 〈앉〉을 〈안〉로 소리내도록 한다.
3. '앉' 다음 글자의 초성에 'ㅇ'이 있을 때는 앞에 있는 'ㄴ'은 그대로 남고 뒤에 있는 'ㅈ'이 'ㅇ'의 자리로 옮겨간다. 한 글자씩 읽을 때는 '앉으시오'로 소리 내고, 빨리 읽을 때는 '안즈시오'라고 소리 낸다.
4. 〈젊은이〉도 한 글자씩 읽을 때는 '젊은이', 빨리 읽을 때는 "절므니'로 소리내도록 한다.

(3) 〈젊은이〉 쓰기 지도

받아쓰기를 할 때는 되도록 의미 파악이 쉬운 문장이나 구의 형태로 들려주는 것이 좋은데 앞의 활동에서 익힌 낱말을 중심으로 들려주고 쓰게 한다. 불러줄 때는 〈빨리 읽기〉로 불러주고 쓸 때는 〈한 글자씩 읽기〉처럼 쓴다. 쓰기를 마친 후에는 어린이에게 바르게 썼는지 살펴보게 한다.

지도자 : 〈절므니〉라고 들려준다
어린이 : 〈젊은이〉라고 쓴다.

받아쓰기를 할 때에는 띄어쓰기나 획의 순서와 모양에 유의해서 쓰도록 지도한다.

- **본문을 빨리 읽게 하고 걸린 시간을 기록한다.**

　- 총 글자 수 : 174자
　- 한 글자씩 읽기에 걸린 시간 : (　　　)
　- 1 분간 평균 글자 수 : (　　　)
　- 빨리 읽기에 걸린 시간 : (　　　)
　- 1 분간 평균 글자 수 : (　　　)

◆ 소리 찾기와 받침 익히기 3

활동 1 소리찾기와 한 글자씩 읽기

〈의좋은 형제〉를 소리찾기 하며 읽게 한다. 능숙해져서 손가락으로 짚지 않고도 소리찾기를 할 수 있으면 한 글자씩 받침소리까지 정확하게 읽도록 지도한다. 4-3 과정에서는 받침소리까지 정확하게 낼 수 있어야 한다. 글을 읽은 후에는 내용에 대해 알아보고 한 글자씩 읽는 시간을 재서 기록해 둔다.

활동 2 받침소리 익히기

지도자: (해당 소리를 짚으며 받침을 정확히 붙여 읽게 한다. 4-1과정 4-2과정에서 익혔던 방법대로 소리내도록 지도한다.)
어린이: 라 랃 예 옌 아 앋 스 습 수 숩 거 걷 져 젇 오 옵 써 썹 혀 형 (해당 소리를 짚으며).

활동 3 빨리 읽기와 쓰기

1. 소리찾기와 한 글자씩 읽기

의좋은 형제

옛날 옛적 어느 마을에 의좋은 형제가 살았습니다.
형제는 숲에서 나무를 했습니다.
걷다가 넘어지면 형제는 서로 부축해 주었습니다.
무릎이 다 해지도록 열심히 일했습니다.
어느새 해가 지고 사방은 어두워졌습니다.

형님은 동생네 마당에 나무를 쌓았습니다.
'동생은 살림을 시작했으니'
형님은 흐뭇해하며 집으로 향했습니다.

동생은 형님네 마당에 나무를 쌓아 놓았습니다.
'형님은 식구가 많으니'
동생은 흐뭇해하며 집으로 향했습니다.

눈썹 같은 초승달 아래로 누군가 걸어옵니다.
하얗게 핀 박꽃 사이로 누군가 걸어옵니다.

어, 형님!
아니, 동생아!

빈 지게를 맨 채 형제는 서로 얼싸안았습니다.
낮도 밤도 하늘도 땅도 모두가 행복했습니다.

| ㅏ | ㅓ | ㅗ | ㅜ | ㅡ | ㅣ | ㅐ(ㅔ) |

글을 유창하게 읽으려면 정확도와 속도가 중요하다.
정확하게 읽기 위해서는 먼저 한 글자씩 읽도록 해야 한다. 한 글자씩 정확하게 읽는 것을 확인한 후에 빨리 읽기를 지도하고 시간도 기록한다. 연음이 되는 낱말을 지도할 때 어린이들에게 〈연음〉을 사용하지 않고 〈빨리 읽을 때〉라는 말로 지도한다. 〈빨리 읽기〉의 지도 방법은 다음과 같다.

(1) 〈살았습니다〉 빨리 읽기 지도

1. 빈 종이에 '사아스니다'를 쓴다. '사아스니다'를 소리내는지 확인한 후, 'ㄹ, ㅆ, ㅂ'을 준비하여,
2. 'ㄹ'을 '사' 아래에 놓고, 'ㅆ'을 '아' 아래에 놓고, 'ㅂ'을 '스' 아래에 놓은 후 한 글자씩 소리내게 한다. '살라'에서 '라'를 소리내지 않는다. '앋싸'에서 '싸'를 소리내지 않는다, '습바'에서 '바'를 소리내지 않고 '살았습니다' 한 글자씩 소리낸다.
3. '살' 다음 글자의 초성에 'ㅇ'이 있을 때는 'ㄹ'이 'ㅇ'의 자리로 옮겨간다. 한 글자씩 읽을 때는 '살았습니다'로 소리내고, 빨리 읽을 때는 '사랃습니다'라고 소리 낸다.
4. 숲에서, 넘어지면, 살림을 등도 위와 같이 지도한다.
5. 한 글자씩 읽을 때는 '숲에서', 빨리 읽을 때는 '수페서'
6. 한 글자씩 읽을 때는 '넘어지면', 빨리 읽을 때는 '너머지면'
7. 한 글자씩 읽을 때는 '살림을' 빨리 읽을 때는 '살리믈'로 소리내도록 한다.

4-3과정 소리찾기와 받침 익히기 3

〈의좋은 형제〉 어린이용 80, 81쪽

2. 받침소리 익히기

라	예	아	스	수	거	저	오	써	혀
랗	옛	앉	습	숲	걷	졌	옵	썹	형

3. 빨리 읽기와 쓰기

한 글자씩 읽기	빨리 읽기	쓰기
살았습니다	살았습니다	살았습니다
숲에서	숲에서	숲에서
넘어지면	넘어지면	넘어지면
살림을	살림을	살림을
많으니	많으니	많으니

어제는 (　)년 (　)월 (　)일 (　)요일이었습니다.
오늘은 (　)년 (　)월 (　)일 (　)요일입니다.
내일은 (　)년 (　)월 (　)일 (　)요일입니다.

- 총 글자 수 : 279자
- 한 글자씩 읽기에 걸린 시간 : (　　　)
- 빨리 읽기에 걸린 시간 : (　　　)

(2) 〈많으니〉 빨리 읽기 지도

1. 빈 종이에 '마으니'를 쓴다. '마으니'를 소리내는지 확인한 후, 'ㄴ, ㅎ'을 준비하여,
2. 'ㄴ, ㅎ'을 '아' 아래에 놓고 〈않〉을 〈안〉로 소리내도록 한다.
3. '않' 다음 글자의 초성에 'ㅇ'이 있을 때는 'ㅎ'은 소리나지 않고 앞에 있는 'ㄴ'이 'ㅇ'의 자리로 옮겨간다. 한 글자씩 읽을 때는 '많으니'로 소리 내고, 빨리 읽을 때는 '마느니'라고 소리 낸다.

(3) 〈많으니〉 쓰기 지도

받아쓰기를 할 때는 되도록 의미 파악이 쉬운 문장이나 구의 형태로 들려주는 것이 좋은데 앞의 활동에서 익힌 낱말을 중심으로 들려주고 쓰게 한다. 불러줄 때는 〈빨리 읽기〉로 불러주고 쓸 때는 〈한 글자씩 읽기〉처럼 쓴다. 쓰기를 마친 후에는 어린이에게 바르게 썼는지 살펴보게 한다.

지도자 : 〈식구가 마느니〉라고 들려준다
어린이 : 〈식구가 많으니〉라고 쓴다.

받아쓰기를 할 때에는 띄어쓰기나 획의 순서와 모양에 유의해서 쓰도록 지도한다.

- **본문을 빨리 읽게 하고 걸린 시간을 기록한다.**
  - 총 글자 수 : 279자
  - 한 글자씩 읽기에 걸린 시간 : (　　　　)
  - 1 분간 평균 글자 수 : (　　　　)
  - 빨리 읽기에 걸린 시간 : (　　　　)
  - 1 분간 평균 글자 수 : (　　　　)

◆ 소리 찾기와 받침 익히기 3

활동 1 소리찾기와 한 글자씩 읽기

〈꿈꾸는 새싹〉을 소리찾기 하며 읽게 한다. 능숙해져서 손가락으로 짚지 않고도 소리찾기를 할 수 있으면 한 글자씩 받침소리까지 정확하게 읽도록 지도한다. 4-3 과정에서는 받침 소리까지 정확하게 낼 수 있어야 한다. 글을 읽은 후에는 내용에 대해 알아보고 한 글자씩 읽는 시간을 재서 기록해 둔다.

활동 2 빨리 읽기와 쓰기

(1) 〈사막에〉 빨리 읽기 지도

1. 빈 종이에 '사마에'를 쓴다. '사마에'를 소리내는지 확인한 후, 'ㄱ'을 준비하여,
2. 'ㄱ'을 '마' 아래에 놓고, 한 글자씩 소리내게 한다. '막가'에서 '가'를 소리내지 않는다. '사막에' 한 글자씩 소리낸다.
3. '막' 다음 글자의 초성에 'ㅇ'이 있을 때는 'ㄱ'이 'ㅇ'의 자리로 옮겨간다. 한 글자씩 읽을 때는 '사막에'로 소리내고, 빨리 읽을 때는 '사마게'라고 소리 낸다.
4. 하늘이, 새들이, 구름이, 반짝이는, 쏟아지는, 밤이, 내일이 등도 위와 같이 지도한다.
5. 한 글자씩 읽을 때는 '하늘이', 빨리 읽을 때는 '하느리'
6. 한 글자씩 읽을 때는 '구름이', 빨리 읽을 때는 '구르미'
7. 한 글자씩 읽을 때는 '반짝이는' 빨리 읽을 때는 '반짜기는'으로 소리내도록 한다.

(2) 〈사막에〉 쓰기 지도

받아쓰기를 할 때는 되도록 의미 파악이 쉬운 문장이나 구의 형태로 들려주는 것이 좋은데 앞의 활동에서 익힌 낱말을 중심으로 들려주고 쓰게 한다. 불러줄 때는 〈빨리 읽기〉로 불러주고 쓸 때는 〈한 글자씩 읽기〉처럼 쓴다. 쓰기를 마친 후에는 어린이에게 바르게 썼는지 살펴보게 한다.

지도자 : 〈사마게 비가 내리면〉이라고 들려준다.
어린이 : 〈사막에 비가 내리면〉이라고 쓴다,

받아쓰기를 할 때에는 띄어쓰기나 획의 순서와 모양에 유의해서 쓰도록 지도한다.

---

1. 소리찾기와 한 글자씩 읽기

꿈꾸는 새싹

소금 사막에 비가 내리면
하늘이 땅으로 내려온다.
지구만한 거울이 발 아래로 펼쳐져
고개 들어 보던 커다란 하늘이
연못 속에 비친 달처럼
땅 속에서 보인다.

　　위에서
　　떼 지어 새들이 날아가면
　　아래에도
　　떼 지어 새들이 날아가고
　　위에서
　　구름이 두둥실 흘러가면
　　아래에도
　　구름이 두둥실 흘러간다.

　　　　까만 하늘 빛
　　　　반짝이는 별이 뜨고
　　　　은하수 쏟아지는 밤이 오면
　　　　나는 꿈꾸는 새싹
　　　　어제와 내일이 이어지는
　　　　무지개 다리를 건넌다.

| ㅏ | ㅓ | ㅗ | ㅜ | ㅡ | ㅣ | ㅐ(ㅔ) |

4-3과정 소리찾기와 받침 익히기 3

3. 빨리 읽기와 쓰기

한 글자씩 읽기	빨리 읽기	쓰기
사막에	사막에	사막에
하늘이	하늘이	하늘이
새들이	새들이	새들이
구름이	구름이	구름이
반짝이는	반짝이는	반짝이는
쏟아지는	쏟아지는	쏟아지는
밤이	밤이	밤이
내일이	내일이	내일이

어제는 (　)년 (　)월 (　)일 (　)요일이었습니다.
오늘은 (　)년 (　)월 (　)일 (　)요일입니다.
내일은 (　)년 (　)월 (　)일 (　)요일입니다.

- 총 글자 수 : 177자
- 한 글자씩 읽기에 걸린 시간 : (　　　)
- 빨리 읽기에 걸린 시간 : (　　　)

〈꿈꾸는 새싹〉 어린이용 82, 83쪽

■ 본문을 빨리 읽게 하고 걸린 시간을 기록한다.
　- 총 글자 수 : 177자
　- 한 글자씩 읽기에 걸린 시간 : (　　　)
　- 1 분간 평균 글자 수 : (　　　)
　- 빨리 읽기에 걸린 시간 : (　　　)
　- 1 분간 평균 글자 수 : (　　　)

83

◆ 지도후기

학부모 수기 (△△의 어머니)

안녕하세요! 양지숙 교장 선생님을 통해 한글을 깨우친 아이의 엄마입니다.

첫 아이다 보니 책을 얼마나 많이 읽어 줬는지 모릅니다. 다양한 책들, 장난감들로 집이 꽉 찼을 정도였습니다. 6세가 되니 어디 학습지가 좋다, 한글을 가르쳐야 한다는 주변의 얘기를 듣고, 저 또한 여러 가지 방법을 동원하여 한글 공부를 시켰습니다. 시작 단계이니 단어부터 배워 보자 하여 학습지 단계에 맞춰서 6개월을 했고, 또 낱글자로 단계를 높여서 계속해서 공부를 했습니다. 하지만 아이는 한글을 깨치지 못하고 7세를 맞이했습니다. 그래서 이번에는 서점에 있는 원리 위주의 한글 공부를 해 보자 결심하고 제가 차근히 6개월을 가르쳤습니다. 그러나 이런 저의 눈물 나는 노력은 의미가 없었습니다. 아이는 2년에 걸친 한글 공부에도 한 글자도 익히지 못했습니다.

6세 때 세종시로 이사를 오면서 교육청 소식지를 받고 있는 터라 '한글은 학교에서 책임지겠다'는 소식에 희망을 걸었습니다. '내가 교육 전문가가 아니어서 아이가 한글을 깨치는 데 오래 걸리지 않았을까?' 하는 생각도 들었을 뿐만 아니라 세종시 교육청은 교육에 남다른 열정이 있어 보였고, 이제는 교육이 새로워지지 않았을까 내심 기대하며 아이를 입학시켰습니다.

학교에서 한글 공부를 하면 아이는 금방 좋아질 거라 믿었지만, 아이의 교과서를 보자 제가 잘못 생각했다고 느꼈습니다. 당연히 아이는 수업을 재미없어 했습니다. 담임 선생님께서 하교 후에 따로 지도도 해 주시고 신경 써 주셨지만 아이는 이미 학교생활에 흥미가 없어 보였습니다. 담임 선생님과의 상담에서 아이는 너무 착하고 좋은데 친구들과의 대화나 놀이에서 한글을 모르니 뒤처지는 부분이 있다고 하셨고, 어떻게 하면 아이를 도울 수 있을까 함께 고민하였습니다. 그런 상황에서 담임 선생님이 교장 선생님께 상담을 하셨고 아이의 한글 공부를 도와주시겠다고 연락이 왔습니다. 학부모 입장에서 아이가 반 친구들과 함께 배우는 것이 아닌 혼자 따로 교장 선생님과 1:1 지도는 부담스러웠습니다. 혹여라도 반 친구들에게 우리 아이가 한글을 못해서 뒤처진 아이라고 낙인이 찍히는 것이 아닐까 하는 염려가 있었기 때문입니다. 그래서 처음에는 아침 활동 시간에 교장 선생님과 1:1 지도를 받았습니다. 짧은 아침 활동 시간이었는데 한 달도 안 돼서 자음과 모음을 익혔습니다. 2년 동안 애를 썼는데도 안 되었던 것이, 교장 선생님은 어떻게 지도하신 걸까 궁금했습니다. 그리고 기대감이 생겼습니다. 짧은 아침 활동 시간이 아닌 국어 시간에 교장 선생님과 한글 수업하는 것으로 진전이 있었고, 1학년이 마치기도 전에 아이는 받침 없는 글자들을 읽고, 받아쓰기까지 할 수 있는 수준이 되었습니다.

솔직히 이해가 되지는 않았습니다. 제가 한 방법은 왜 안 되었는지 말입니다. 교장 선생님의 한글 지도는 어떻게 아이를 변화시킨 것일까요. 분명한 것은 지금의 한글 교재와 보통의 한글 공부로는 한글을 깨우치기 어려운 아이들을 위한 다른 방법의 한글 교육 교재가 필요하고, 또한 힘든 아이들을 각 학부모 가정에서 책임지게 하는 방법이 아닌, 학교에서 방법을 제시하고 가르쳐서 속히 아이들의 학교생활을 즐겁게 만들어 줘야 하는 것이 아닌가 생각합니다. 저 또한 양지숙 교장 선생님을 못 만났다면, 기존의 한글 교재들을 가지고 아이가 한글을 깨우칠 때까지 씨름하고 있었을 것입니다. 한글이 단순히 공부에서 영향을 미치는 것뿐만 아니라, 학교생활과 친구 관계에까지 영향이 미치는 것을 아이를 통해 여실히 보았습니다. 교장 선생님의 한글 교육 방법이 교재로 구체화되고 속히 여러 교육 현장에 알려져서 우리 아이처럼 책 읽는 기쁨, 학교생활의 즐거움을 찾기를 소망합니다.

지도 후기 6

〈교장 선생님 이름이 전의초예요? – ◎◎이〉

　한글 교실에서 공부하던 ◎◎이가 어느 날 교장실에 들어와서 "교장 선생님 이름이 전의초예요?" 하고 묻는 것이다. '아니 내 이름은 양지숙인데. 어디에 그렇게 되어 있냐?'고 물어보니까 나를 현관 전광게시판 앞으로 데리고 나갔다. ◎◎이는 한글 교실에서 배운 실력으로 더듬더듬 글자를 읽어 내 이름이 맞는지 확인하러 온 것이다. 사진 밑에 전임지를 표시해 둔 것을 읽고 내 이름이 '전의초'냐고 묻는 것이었다. '전의초'라는 글자가 자주 사용하는 말이 아니기 때문에 읽기 쉽지 않았을 텐데 그걸 읽어 내고 찾아와서 자기가 잘 읽었는지 확인까지 하는 그 태도가 얼마나 당당한가?

　◎◎이가 1학년 4월쯤 하굣길에 지갑을 잃어 버렸는데 경찰서에 가서 자기 지갑 찾아 줄 때까지는 돌아가지 않겠다고 떼를 썼단다. 경찰관이 찾아보고 나중에 연락해 주겠다고 해도 도무지 말을 듣지 않고 지갑을 찾아 달라고 요구(?)했다나! 물건을 잃어버리면 경찰서에서 찾아 준다는 말을 듣고 경찰관이 자기 물건을 찾아 주는 게 당연하다고 생각한 것이다. 이 사건으로 ◎◎이는 우리 학교에서 유명인사가 되었고 아래 층 행정실 직원들도 이름을 불러 주며 귀여워한다.

　한글 교실에서 공부할 때도 선생님은 당연히 자기 공부를 가르쳐 주어야 하는 사람으로 생각했는지 '왜요?'를 입에 달고 살던 아이. 〈ㅂ〉을 찾아오세요. 하면 다른 아이는 찾으러 가기 바쁜데 ◎◎이는 '왜요?'를 하다가 출발이 늦어 꼴찌를 하고는 입을 삐죽거리며 볼멘 소리하던 아이. 그러다가도 자기가 읽을 수 있겠다 생각되면 다른 사람 제치고 먼저 읽겠다고 아우성치고. 참 독특한 아이였다.

　2학년에 올라가서도 ◎◎이는 교장실 단골손님이다. 최승호《말놀이 동시집》에 있는 동시를 한 편 읽을 때마다 하리보를 한 개씩 주는데 어쩔 땐 동시 5편을 읽고 하리보를 다섯 개나 받아가기도 한다. 가끔 등교할 때 교장실에 들러 내 얼굴을 본 후 교실로 향하기도 하고 친구들을 데리고 들어와 '나 이런 사람이야' 과시하는 듯 친구들에게 뽐내기도 하고. 언제 어디서나 주눅 들지 않고 자기 생각대로 행동하는 아이. 어린 아이가 다른 사람이 말하면 듣지 않고 떼를 쓰다가도 엄마가 타이르면 순한 양이 되는 것처럼 ◎◎이도 나한테는 그런 아이이다. 우리 학교에서 ◎◎이가 가장 좋아하는 사람은 혹시 내가 아닐까 내심 기대하며 백설공주에 나오는 새 왕비처럼 다음에 오면 한번 물어보아야겠다.

　"◎◎아, ◎◎아, 너 우리 학교에서 누가 제일 좋으냐?"

◆ 지도후기

지도 후기 7

〈한국말 하는 것보다 한글을 더 먼저 읽다〉

— 러시아에서 온 다미안, 1학년에 입학하다

가족 모두 러시어로 대화하고 한국말은 전혀 못하는 가정의 아이가 1학년에 입학하였다. 학교에서는 걱정이 컸다. 안전 문제도 있고 전달해야 할 말들도 있는데 이들과 의사소통을 할 수가 없는 상황이었다. 어머니가 다행히 영어를 할 수 있어서 중요한 내용을 전달할 때는 영어전담교사와 세 사람이 소통하도록 대책을 세웠다. 또 학교에 러시아어 프로그램을 만들어 다미안 어머니를 강사로 활용하고 영어전담교사를 통역으로 활용했다.

다미안은 외국 아이였지만 한글 읽는 것은 같이 배우는 친구들보다 빨랐다. 받침소리까지 정확히 소리 내었다. 비록 뜻은 이해하지 못할 지라도 한글 읽는 것은 친구들에게 뒤지지 않아 다미안이 한글 읽는 것을 보고는 다들 놀라워했다. 한국말을 하는 것은 서툴지만 한글 책은 줄줄 읽던 다미안. 쉬는 시간에나 점심시간에는 항상 아이들과 어울리고 즐겁게 학교생활을 하면서 한국 생활에 적응해 나가고 있다.

— 카자흐스탄에서 5학년에 전학 온 리사

리사네 가족도 한국말을 못하였고 이웃 친척의 통역으로 정보를 주고받으며 생활하였다. 리사는 5학년에 전학 왔는데 한글부터 가르쳤다. 한글을 배울 때 리사가 가장 어려워한 부분은 자음 이름 알기였다. 기본자음 9개의 이름이 리사에겐 그야말로 외국어였을 테니 이 부분에서 시간이 좀 걸렸다. 자음 그림마다 카자흐스탄어로 표기를 해 놓고 외워야 했다. 한국 아이들은 자음 익히는 데 한 시간이면 충분한데 리사는 9개 자음을 완벽하게 말하는 데 3일이 걸렸다. 소리찾기를 하면서부터는 뒷면에는 그림이 있고 앞면에는 한글로 써져 있는 카드를 활용하였다. 뒷면에 그려진 그림을 한국말로 읽는 것은 리사에겐 쉬운 일이었다. 학교에 배정된 다문화 강사가 리사의 한국어 교육을 맡아 리사는 잘 적응하고 있다.

— 이틀 만에 한글을 읽은 원어민 교사

면지역 학교에서 근무할 때 캐나다에서 온 영어 원어민 보조 교사가 있었다. 대학 4학년인데 경찰경호학을 전공하다가 한국에 원어민 교사로 자원하여 왔다고 했다. 이 원어민 교사에게 한글을 가르쳤는데 이틀 만에 한글을 읽고는 "이렇게 소리가 나는 거냐?"며 본인도 놀라워했다. 한글을 읽으니 도로 표지판이나 교통편, 건물 이름 등 한국 생활에 잘 적응하였고 어린이들을 가르치는 일에 남다른 열정을 보였다. 2년 뒤에 캐나다로 돌아가서는 전공과목을 바꾸어 지금은 유치원 교사가 되어 있다. 남자 유치원 교사라니 좀 놀라긴 했지만 가르치는 일에 보람을 느낀다며 열심히 일하고 있다.

가위

작사 양지숙
작곡 양지숙
편곡 김명규

◆ 악보

다리미

작사 양지숙
작곡 양지숙
편곡 김명규

구깃구깃 구겨진 옷을 다리미로 쭉쭉펴요

다리미를 잡을 때는 손잡이만 잡아야 해요

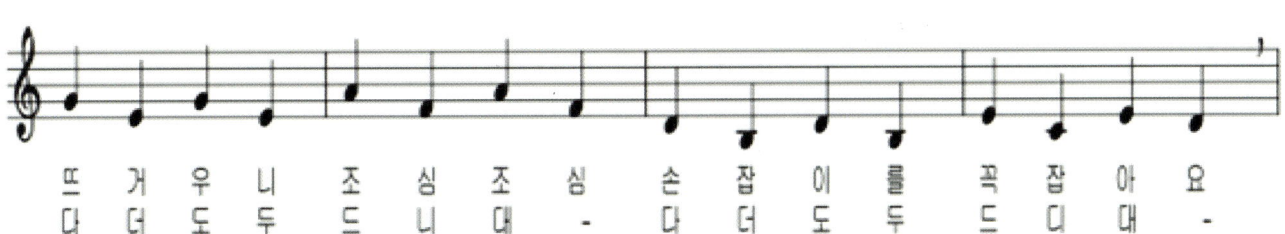
뜨거우니 조심조심 손잡이를 꼭 잡아요
다 더도 두 드 디 대 - 다 더 도 두 드 디 대 -

다리미라고 하지 말고 다리미라고 불러주세요
다 더-도 두 드 디 대 - 다 더-도 두 드-디 대

◆ 악보

◆ 악보

마차

작사 양지숙
작곡 양지숙
편곡 김명규

시원한 바람이 한-들 한들- 마차를 타고 달려봐요

지붕이 있어야 햇빛을 가리고 비바람 막아 주-지요

지붕을 받치는 두 개의 기둥과 튼튼한 바닥이 필요해요

못이 헐렁하면 바퀴가 빠지고 사람도 다쳐서 큰일나요

너-무 빠르면 자세히 못 보고 너-무 느리면 많이 못 봐
마-머 모 우-으-미 매 - 마-머 모 우-으-미 매

말발굽 소리도 따그닥 따그닥 마차를 타고 달려봐요
아-어 오-우-으-이 애 - 아-어 오 우 으-이 애

◆ 악보

사 람

작사 양지숙
작곡 양지숙
편곡 김명규

아기

작사 양지숙
작곡 양지숙
편곡 김명규

◆ 악보

아기
뮤직박스

작사 양지숙
작곡 김명규

동그란 얼굴에 귀여운 입 방글 방글 아기가 웃고 있네 아- 가 아- 가 우리- 아가 동그 란 얼- 굴 참- 어여쁘다 아- 가 아 가 우리- 아가 동 그 란- 얼 굴 어여쁘다

자전거

작사 양지숙
작곡 양지숙
편곡 김명규

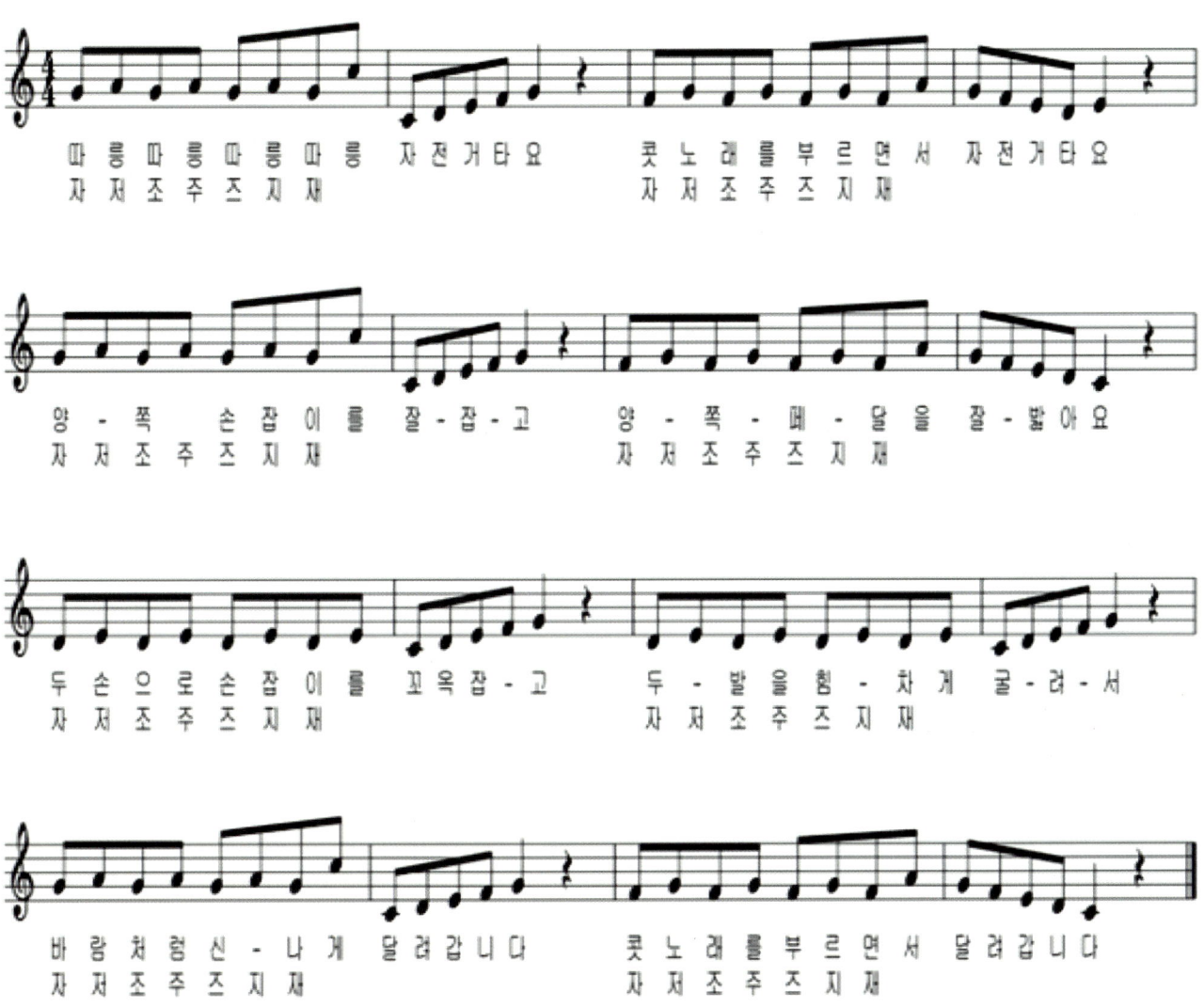

◆ 악보

나 어릴 적

작사 양지숙
작곡 양지숙
편곡 김명규

◆ 부록

◆ 기본자음 카드 세트 사용 방법

1. 기본자음 카드 1번 세트 (가위, 나, 다리미, 라이터, 마차, 바구니, 사람, 아기, 자전거)

- 그대로 뜯어서 코팅합니다.

2. 기본자음 카드 2번 세트 (ㄱ, ㄴ, ㄷ, ㄹ, ㅁ, ㅂ, ㅅ, ㅇ, ㅈ)

- 가운데 자음 부분을 오려 낸 후 코팅합니다.
- ㅁ, ㅂ, ㅇ카드는 주의하세요. 자음을 오린 후 가운데 부분은 버리지 말고 코팅지에 붙여서 코팅해야 합니다.

3. 기본자음 카드 3번 세트 (ㄱ, ㄴ, ㄷ, ㄹ, ㅁ, ㅂ, ㅅ, ㅇ, ㅈ)

- 기본자음 카드 2번 세트에서 오려낸 자음을 코팅한 후 2번 세트에 겹쳐지도록 자릅니다.

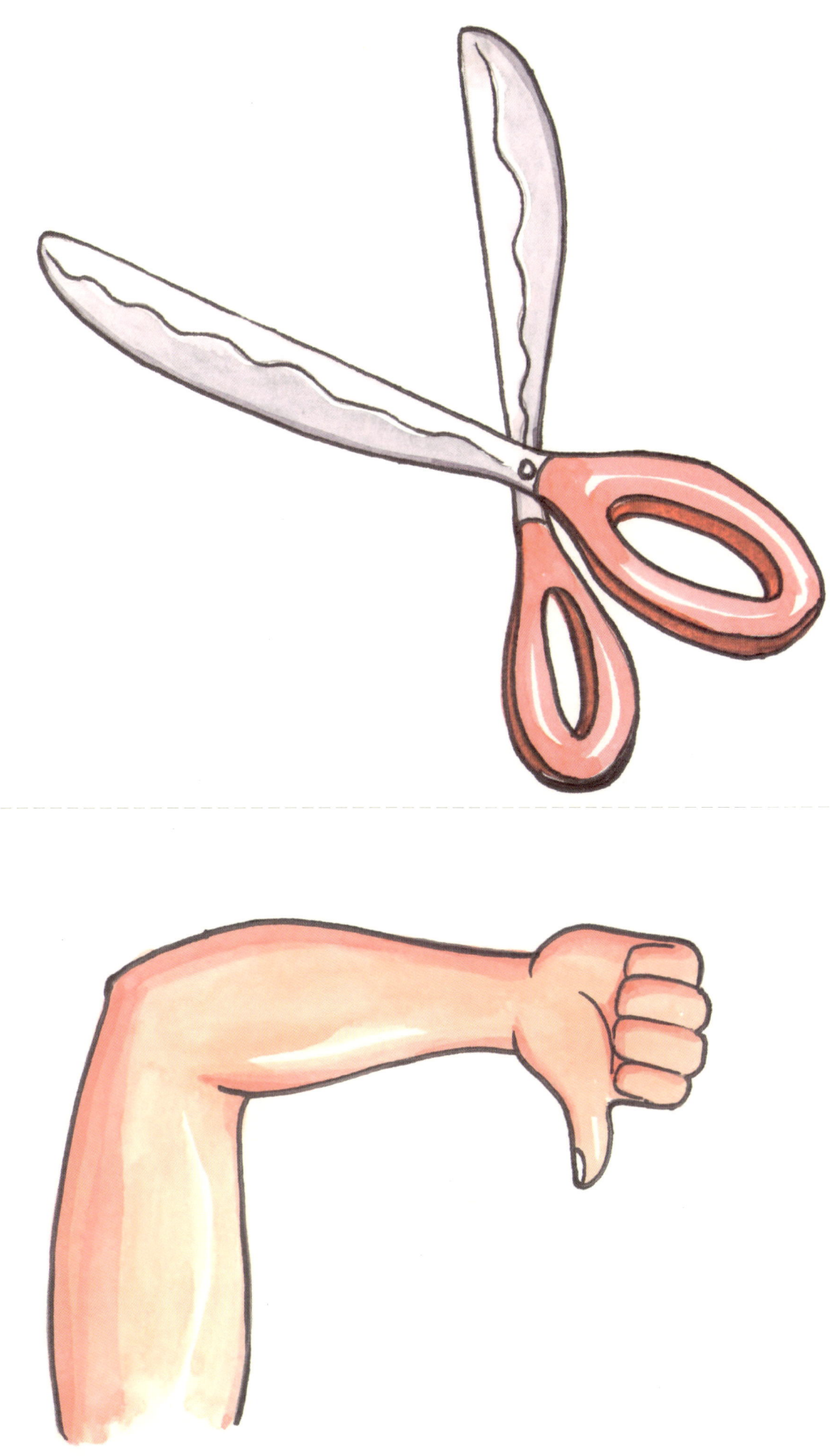

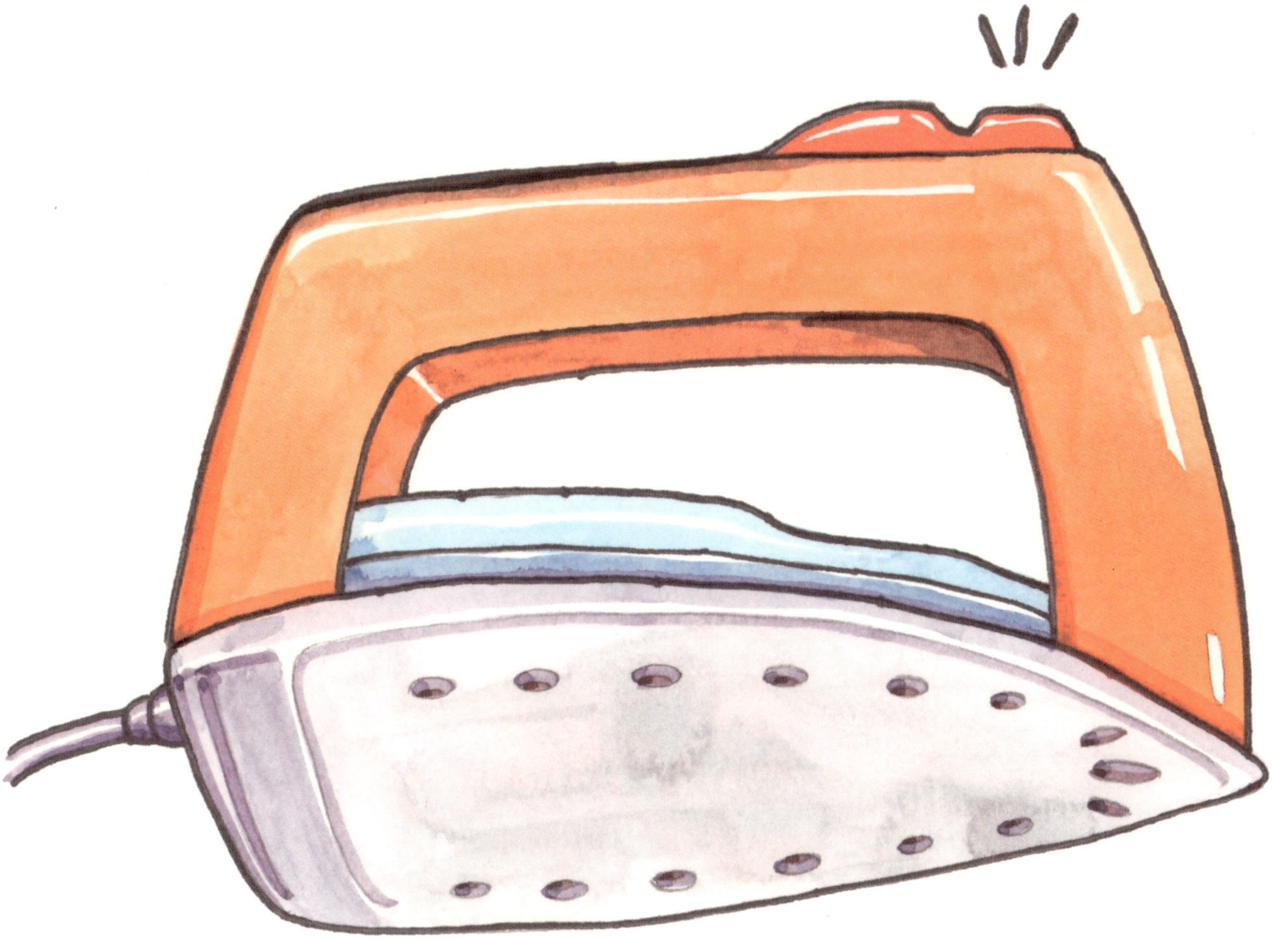

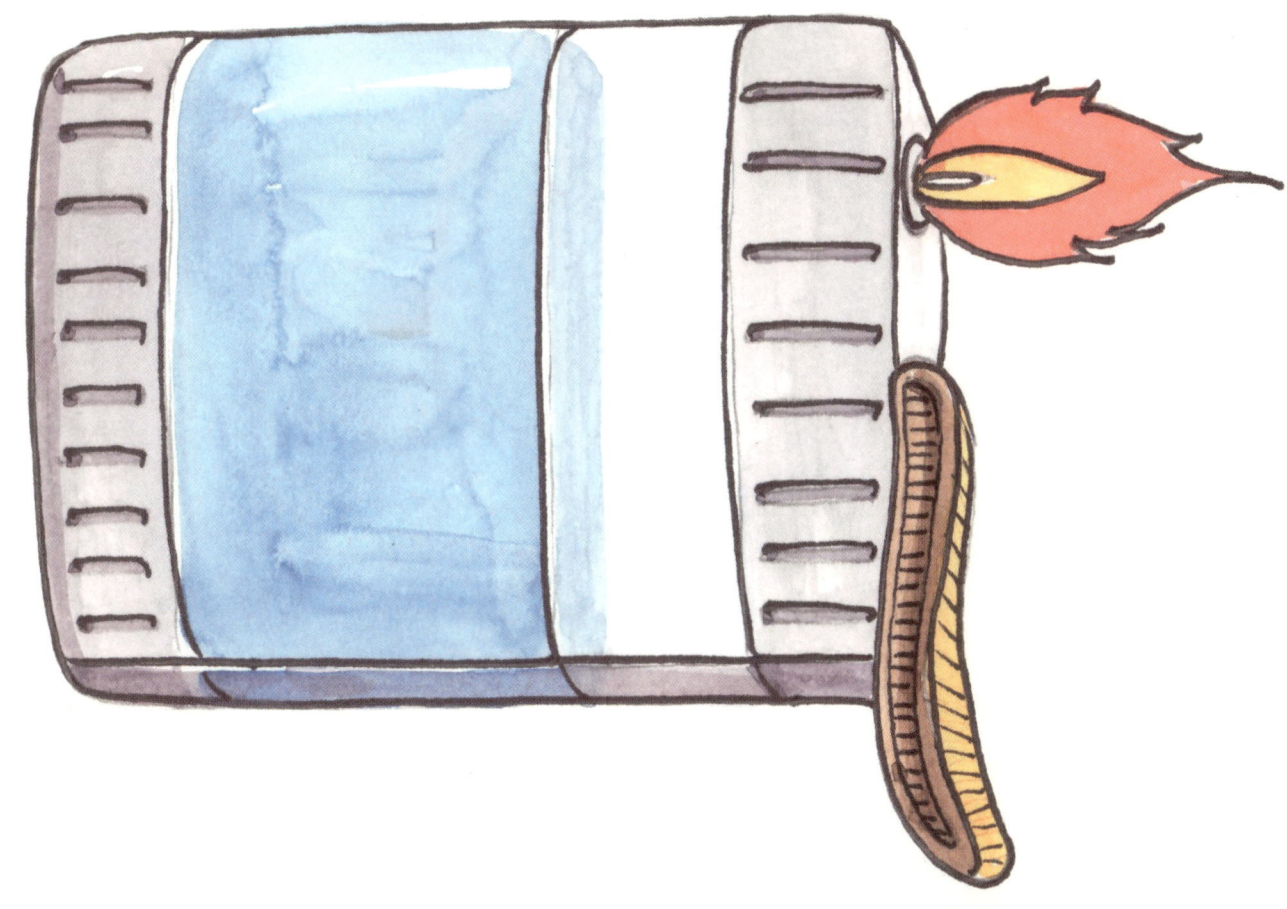

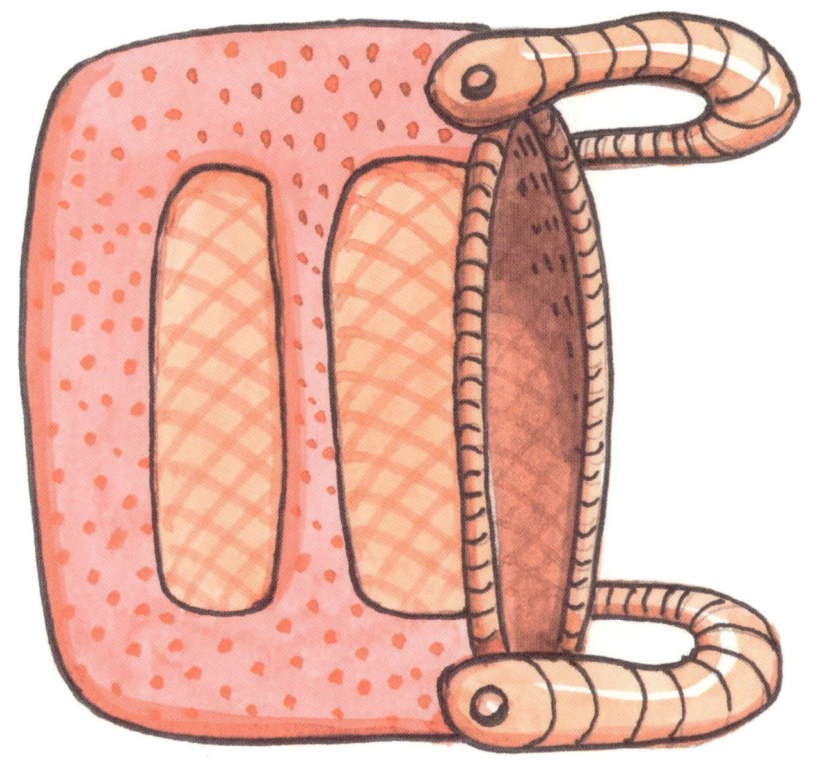

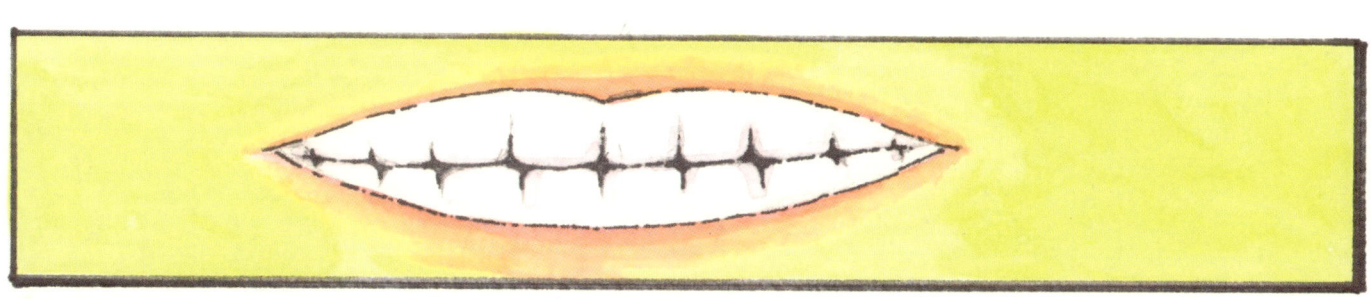

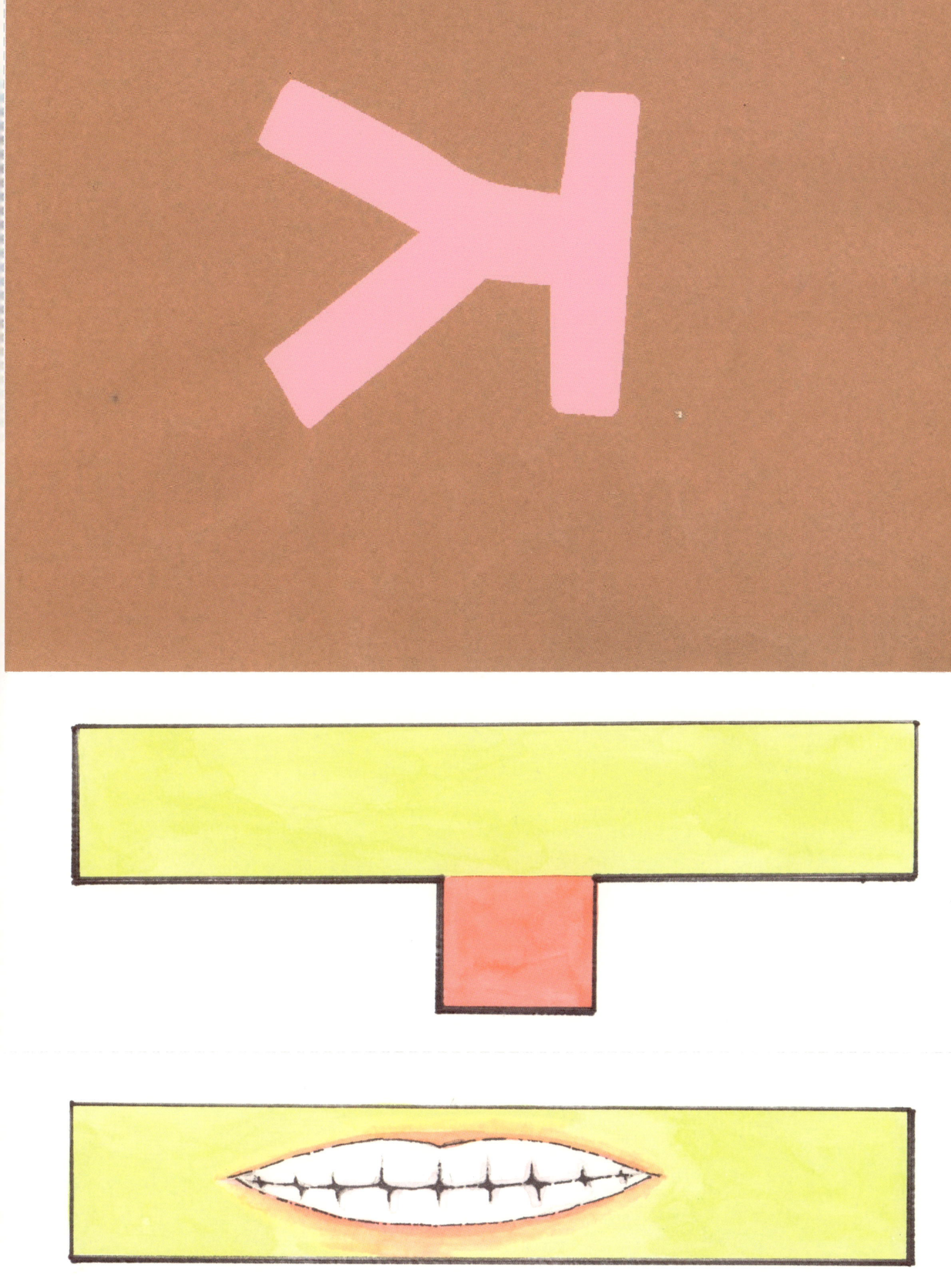